高职教育的创新与发展

柳桦 著

哈尔滨出版社
HARBIN PUBLISHING HOUSE

图书在版编目（CIP）数据

高职教育的创新与发展／柳桦著. -- 哈尔滨：哈
尔滨出版社，2025. 1. -- ISBN 978-7-5484-8155-3

Ⅰ. G718. 5

中国国家版本馆 CIP 数据核字第 2024WA6638 号

书　　名：**高职教育的创新与发展**
GAOZHI JIAOYU DE CHUANGXIN YU FAZHAN

作　　者：柳　桦 著
责任编辑：赵　芳

出版发行：哈尔滨出版社（Harbin Publishing House）
社　　址：哈尔滨市香坊区泰山路 82-9 号　邮编：150090
经　　销：全国新华书店
印　　刷：北京虎彩文化传播有限公司
网　　址：www. hrbcbs. com
E - mail：hrbcbs@ yeah. net
编辑版权热线：（0451）87900271　87900272
销售热线：（0451）87900202　87900203

开　　本：880mm×1230mm　1/32　印张：5　字数：129 千字
版　　次：2025 年 1 月第 1 版
印　　次：2025 年 1 月第 1 次印刷
书　　号：ISBN 978-7-5484-8155-3
定　　价：48. 00 元

凡购本社图书发现印装错误，请与本社印制部联系调换。
服务热线：（0451）87900279

前　　言

　　高职教育作为连接职业教育与高等教育的桥梁,一直承担着为社会培养高素质技术技能人才的重要使命。然而,随着社会经济的快速发展和产业结构的不断升级,传统的高职教育模式已难以完全适应新时代的需求。面对新技术、新产业、新业态的涌现,高职教育亟需创新与发展,以更好地服务于社会经济发展。

　　全书共分为六章,第一章聚焦于高职教育的理论与实践教学管理,分别探讨了学生理论教学管理和实践教学管理的具体策略与方法。第二章至第四章围绕高职教育实践管理机制、组织结构以及管理体制的创新展开讨论,详细解析了实践教学管理的运行机制和组织架构,并基于新制度经济学视角提出高职院校管理体制的创新构想,同时结合改革实践,探讨了混合所有制办学、人事制度改革等热点问题。第五章、第六章集中研究了高职教育复合型高技能人才培养模式的创新,开放式教学的推行以及长效运行机制建设。其中,人才培养模式的创新理念、目标设定、教学模式改革等内容得到详尽阐述;开放式教学的实施基础、产学研合作教学以及对外交流与合作策略也得到了深入探讨。最后,通过构建校企"双师"双向交流与服务机制、校企合作就业与激励机制以及人才培养质量评价机制,勾勒出高职教育长效运行机制的蓝图。

目　　录

高职教育的创新与发展

第一章　高职教育理论与实践教学管理

第一节　高职教育学生理论教学管理

一、学生理论教学管理的内容

（一）理论教学常规管理

高职院校学生理论教学的常规管理就是遵循教学规律对教学工作进行日常管理，主要由"教""学"及教务行政三个方面组成。

1. "教"的常规管理

"教"的常规管理即对教师教学过程的监控管理，包括对备课、上课、布置与批改作业和成绩考核等教学基本环节的管理。

（1）备课管理

备课是教师根据教学计划和大纲，结合教学的实际情况，规划和组织教学内容，保证学生有效地进行学习而开展的教学准备活动。备课管理就是对教师备课过程进行指导、监督和检查。备课管理主要通过对教案的检查和评估来进行，不仅要帮助教师明确备课的意义，还要针对教师备课的内容提出具体要求。

（2）上课管理

上课是教师根据教案实施教学的具体过程,是教学的关键环节。上课管理就是对教师实施的教学过程进行监督、指导和评价。上课管理的主要方法是听课和评课,上课管理效果的好坏直接影响学生作业的完成,进而对上课的质量和效果产生深远影响。

（3）布置与批改作业管理

教师根据教学目标和教学内容,有针对性地给学生布置作业并对学生作业进行批改,这是教学工作的重要环节。布置与批改作业管理是对这一环节进行指导、检查的活动,应从作业布置、作业批改及作业查评等方面着手,提出具体的管理要求。

（4）成绩考核管理

成绩考核分为平时考查和学期考试两个阶段,是检查教学效果的重要手段。成绩考核管理是对教师平时考查和出卷命题的有利监督方式,要求教师严格按照教学大纲的要求进行考核,以准确体现教学成效。

2. "学"的常规管理

教学过程中对学生学习过程的监控管理称为"学"的常规管理,包括学习制度、学习成效考核、学生奖惩考核等基本环节的管理。

（1）学习制度管理

学习制度管理是"学"的常规管理的重要内容,是学生学习得以顺利进行的有力保障。学习制度管理主要是针对课堂学习、管理、考核等常规所制定的对学生出勤与纪律情况、课堂学习的制度与执行等方面的考查。

（2）学习成效考核管理

学习成效考核是检验学生学习成效的关键环节，也是学生毕业的重要依据。学习成效考核管理主要是规范平时考查、试卷考查形式和标准，并且对这一过程进行全方面监控。

（3）学生奖惩考核管理

学生奖惩考核是学生在校期间所受奖励、处分情况的主要依据。学生奖惩考核管理将对学生的奖惩进行具体的系统量化，更加规范、有序地反映学生的综合素质和能力。

3. 教务行政的常规管理

教务行政工作是学生理论教学管理的重要组成部分，其主要内容包括编班管理、制表管理、学籍管理和教学档案管理等。

（1）编班管理

把年龄和知识水平相同或相近的学生按照比例合理分配在一起的过程叫作编班，班级的编定应一次完成，保持相对稳定，以便实施教育教学。

（2）制表管理

制表包括编排学期课表、作息时间表及其他教学相关表格，合理地编排教学相关表格有利于规范课务管理，稳定教学秩序，指导教学安排，确保教学质量。

（3）学籍管理

学籍管理是学校理论教学常规管理的重要内容，通常包括入学与注册、学生档案、学籍异动、考核与奖惩等方面的内容，是对学生在校期间学习情况的全过程记录。

（4）教学档案管理

教学档案资料是学校历史发展进程中的基本情况及有关数据

的集中反映,凡是上级文件、规章制度、计划总结、试题试卷、活动材料、教师业务档案等内容都属于教学档案范畴,需要分类整理、妥善保存。

(二)理论教学过程管理

一般来说,学生理论教学的过程管理主要包括教学计划管理、教学组织管理和教学质量管理。

1.教学计划管理

教学计划是国家教育主管部门制定的有关教育和教学工作的指导性文件,体现了国家对培养专门人才规格的基本要求,是高职院校组织教育教学活动和实施教育教学管理的重要依据。教学计划管理一般包括教学计划的制订、执行、监督实施等环节。

(1)制订教学计划

高职院校的教学计划由教务处根据上级教育部门有关文件精神,结合本校实际制定统一原则,安排各教学单位按专业制定初稿,签署意见后报学校教务处负责提交专家调整、审核,并将专家意见反馈至各教学单位进行修改和调整,由教务处统筹定稿后报主管院长批准。一经批准,各单位不得随意变更。一个完整的教学计划一般应包括专业培养目标与培养规格,学制规定,教育、教学周数分配,课程设置,学分要求,学时安排等方面的内容。在教学计划制订过程中要处理好基础与专业、必修与选修等课程之间的关系,制订出一个较为理想的教学计划,适应社会发展对人才培养的要求。

(2)编写教学大纲

教学大纲是教学计划的具体体现,是教师进行教学的基本依据。除公共课程和某些基础课程由国家统一颁发教学大纲外，其他课程应根据教学计划，以纲要的形式制订、修正教学大纲，并按专业汇编成册，以克服课程间的重复和脱节，并据此进行教学准备工作，以确保专业培养目标的实现。

（3）下达教学任务书，编制教学运行表

教学任务书通常在每学期期末由系主任代表学校下发至各教研室，各教研室通过深入研究讨论，落实到具体的任课教师。各任课教师接受教学任务后，应根据教学计划，结合教学大纲规定的内容，提前做好教学运行计划，上交至各教研室。再由各教研室进行讨论，核准后执行。如遇到教学进度计划或内容确实需要更改的情况，应经教研室讨论同意后，报系主任批准。

（4）确定任课教师，选定落实教材

各门课程任课教师人选的选定，应由各教研室根据下达的教学任务，结合本教研室的具体情况进行推荐。一般应推荐专业对口、有一定教学经验的教师承担教学任务。如有新任教师授课的情况，应安排有丰富教学经验的教师进行指导。各任课教师采用统一教材，教材由学校教务处教材科每年分两次进行征订(5月征订翌年春季使用教材，11月征订翌年秋季使用教材)，如需使用自编教材(讲义)、实验指导书补充教材等，必须填写使用申请表，分别由教研室、系主任、教材科签署意见，上报教务处审批。

2. 教学组织管理

与教学计划管理密切相关的是教学组织管理，教学组织管理是完成高职院校教学任务、实现教学目标的重要措施。实施教学组织管理可以从做好教研室组建、合理安排课务两方面着手。

(1)做好教研室组建工作

教研室是学校开展教学研究、提高教师业务水平的重要基地，也是学校落实教学工作的有力保障。做好教研室组建工作应遵循以下原则：一是以"同一学科教师在三人以上可成立教研室，不足三人可将性质相近的学科教师组织起来成立多学科教研室"为原则建立和健全教研室；二是以"管理能力较强，且具备较高学科教学能力"为原则选任教研室主任；三是以"形成良好教风，提高教学质量"为原则建立各种规章制度以指导教研室工作，使教研室能够有效运行。

(2)合理地安排课务

学校安排课务应考虑任课教师的专业背景、学识专长，并结合该教师的教学能力和业务水平。虽然每个教师的任课是相对固定的，但应该考虑适当的轮换制度。如教师经过自学、进修或培训后掌握了一定的专业知识，可安排有经验的教师采取"传、帮、带"的形式适量安排课务，使任课教师的综合业务能力得以提升。

3. 教学质量管理

教学质量管理是依据相应的规范和标准，采用科学的手段和方法，对教学过程和环节进行全面设计、组织实施、检查分析，以确保教学在进行过程中能够达到预期的效果，它是整个教学管理的核心部分。应从制定课程教学质量标准和构建课程教学质量指标体系两方面进行。

(1)制定课程教学质量标准

高职院校的课程教学质量是校企合作教育资源与课程结合条件下学生对学校教育、教学活动的满意度，以及学生的职业的适应能力、用人单位的满意度等要素的系统反映。制定课程教学质量标准应满足学生的人文需求,包括升学、就业、可持续发展等方面,同时,结合企业的实际需求,包括目标、规格、岗位等内容来进行制定。

(2)构建课程教学质量指标体系

做好高职院校的教学质量管理,除了制定科学、合理的教学质量标准外,还应抓好课程教学质量指标体系的构建工作,主要包括以下几个方面:一是成效指标,它是学生毕业后在工作、学习、生活中的成就或结果表现,是学生知识、能力、态度、社会适应能力及社会认可度的综合评价;二是成绩指标,它是反映在学生个体身上的学习质量指标,涵盖了考试成绩、考试等级、职业资格证书、获奖情况等方面的内容;三是教学工作质量指标,它是教师教学工作质量的衡量指标,集中体现教师的教学能力、学术水平、工作态度与责任心,以及学生反馈的满意度;四是教学设计工作质量指标,即专业、课程、教材设计的科学性、合理性,是进一步进行设计更正或优化的重要标准。

二、学生理论教学管理的原则

学生理论教学管理工作是学校管理工作中最重要、最基本的工作。学生理论教学管理既是对教学过程的全面管理,也是为实现教学目标而奋斗的目标管理。总的来说,高职院校学生理论教学管理的基本原则就是在学生理论教学管理实践中总结确立的客观规律,是根据高职院校教育的根本目标和任务,在总结长期积累的教育教学经验的基础上,经过不断归纳、修改而提炼出的基本要求。它是在进行学生理论教学管理工作过程中所应遵循的指导规范和行为准则,可以有效地指导学生理论教学管理的各项工作并始终贯穿学生理论教学管理的过程当中。回顾现代学生理论教学管理的工作历程,无论是在学生理论教学管理的目标、内容、过程、方法、制度方面,还是在协调学生理论教学管理与其他各方面的关系方面,都是以教学基本原则来开展布置各项工作的。它不仅向我们揭示了一定的教学规律,还突出反映了在学生理论教学管理工作中应当遵循的基本原则。学生理论教学管理制度的建立与运行对于高职院校教育教学工作起到了积极且不可替代的作用。

高职院校学生理论教学管理原则主要包括以人为本原则、以教学为主原则、循序渐进原则、综合把握原则、因材施教原则和师生协作原则等。

(一)以人为本原则

教育的出发点和核心目的是培养社会需要的人才,而不同国家在于"如何培养人才""培养什么样的人才"方面都有自己的见解和看法,据此也提出了明确的目标要求和工作方针,并制定出了较为规范的教育政策法规来确保教学工作的顺利进行。

以人为本的原则是体现以人为主的管理,即学校管理工作的出发点和立足点都要把人放到中心位置,在学校管理工作中充分发挥人的作用。学生理论教学管理的主客体都是人,整个理论教学管理活动都是紧紧围绕人的活动开展实施的。因此,理论教学管理应把"以人为本"原则作为基础,其实质就是围绕"以教师为本""以学生为本"的基调开展理论教学管理工作。

"以教师为本"就是把教师的主导地位放在首位,在学生理论教学管理中充分尊重教师的劳动成果,最大限度地发挥教师的潜能,使教师成为主动参与教育教学的主体。在学生理论教学管理工作中应当以促进教师的发展为目标,将"尊重人、关心人、培养人"的理念贯穿理论教学管理的各个环节;"以学生为本"就是把学生的主体地位当成第一要素,强化"管理育人、服务育人"的思想,在理论教学管理中牢固树立一切以学生为主的服务意识,优化教育教学管理模式,使学生个体更好地发挥自身潜能,成为全面发展的综合型人才。

(二)以教学为主原则

教育的根本目的在于培养人才,而培养人才的主要途径就是教学。随着社会的不断发展,人们的认识也在不断地深入,教学管理状态的稳定只是相对的。特别是在科学技术突飞猛进和创新理念日益更新的今天,教育的改革和发展正面临着新的挑战。我们的教学管理工作绝不能因循守旧,墨守成规,必须依靠科学的创新思维来提升教学管理,注重以教学为主的创造性人才培养模式,满足时代发展的新需求。高职院校要卓有成效地实施培养目标,取得最优效果,就必须以教学为主,并围绕教学这个中心安排其他工作,建立正常的教育教学秩序。以教学为主原则就是要求高职院校从根本上落实"管理为教学"的全新思想。时代的发展需求对高职院校提出了新的要求,高职院校的学生理论教学管理不应该继续局限于以往的制度、框架管理式教学管理模式中,而是应当以发展的眼光准确把握和洞悉社会发展的新需求,积极转变教育教学观念,实行"弹性化"和"人性化"相结合的服务式教学管理模式,促进教学管理模式的创新,并通过灵活变通、多样化的管理方式,依靠科学的创新思维来指导教育、提升教学。

在学生理论教学管理工作中贯彻实施以教学为主原则,就是将学校工作的重心转移到教学管理当中,一切工作的制定、开展、实施都以协助教学、服务教学为根本,并要求教师严格按照教学计划、教学大纲进行教学,未经批准不得擅自变更教学计划或降低教学要求,使教学工作沿着科学、健康的方向稳步发展。在实施教学的过程中,应从整体上把握以"学生为主体、教师为主导、训练为主线"的实质,要求教师做到熟知教材、授育人才,对学生引导、启发、点拨及帮助,使学生探究、感悟、交流与提高。真正意义上将"教"与"学"完美结合,实现和谐统一,力求让学生在"授课"之后各有所得、举一反三,从而达到提升教学质量、培养社会需求人才的最终目的。

(三)循序渐进原则

事物的发展不是一蹴而就的,而是按照一定的轨迹循序渐进地进行的,学生理论教学管理也不例外。学生理论教学管理应遵循和把握的基本规律及原则是由教育教学的本质决定,并受教育过程的客观规律制约,又潜移默化地对教育教学的发展产生深远影响。在实施学生理论教学管理的过程中,研究并遵循教育的基本规律,包括对高职教育管理和教育管理过程规律的研究,把握事物发展的客观规律,循序渐进地开展,对于确定正确的教育管理模式和组织实施教育管理策略、丰富和发展高职教育管理理论具有重大的理论意义和实践价值。

从历史的发展轨迹来看,社会的政治、文化、经济等方面的发展制约着教育的发展,同时,教育的发展又服务于社会发展的主流。因此,学生理论教学管理必须同国民经济和社会发展相适应,并根据理论教学管理的经验与实际不断地摸索更正、深化。在学生理论教学管理的过程中,要按照教育教学的逻辑顺序和学生认识发展的顺序,抓住主要矛盾,妥善解决好重点与难点,有条不紊地进行。

教学的稳定是高职院校顺利开展各项工作的基础,一切的教学管理工作都应该在教学稳定的基础上有目的、有计划地进行,并依照一定的次序循序渐进地逐步展开。这个"序"既是指学生的自身特征,又是客观规律的体现;既是教师组织教学所应遵循的原则,又是学生主动学习所应遵循的原则。为了妥善处理好学生理论教学管理活动的顺序、理论教学管理活动的体系与学生发展规律之间错综复杂的关系,学生理论教学管理活动应当持续、连贯、系统地进行,从而使理论教学管理工作更加科学、合理地开展。

(四)综合把握原则

学生理论教学管理是学校教育管理中最基本的管理,也占有重要地位,但不是唯一工作。学校除了对教学进行管理外,还有许多其他方面的工作。要实现高职院校的办学目标和管理宗旨,不仅要做好理论教学本身的管理工作,还要注意理论教学管理对学校其他管理工作的影响。为了使学校教育真正成为社会发展、人类进步的重要阵地,各级管理部门都应全面贯彻执行国家的教育方针路线,协调好教学与其他各项工作的关系,确保学生在各方面都得到均衡发展。在实施学生理论教学管理举措时,要综合衡量学校整体的教育管理,立足于国家的教育政策法规,并以此为依据,加大教育教学改革力度,实现以教师为主导、学生为主体的全面革新。

作为高职院校管理工作的重要环节,学生理论教学管理工作包含了较为丰富的内容,并与学校其他管理工作紧密相连、相互影响和制约。要有效地进行学生理论教学管理工作,不仅要注意理论教学管理内部各因素的相互作用,还应重视学校其他管理工作对理论教学管理的影响。教育管理活动必须科学地组织和调动教学系统内外各方面人员的积极性,从而更好地推动教育事业向前发展。

我国现阶段的教育目标是培养德、智、体全面发展的综合型人才，一切的教育教学活动都是为培养社会主义建设人才服务的。实施理论教学管理的过程就是正确监控课堂教学过程，正确评价课堂教学效果以及正确总结课堂教学经验的过程，力争使每一堂课都实现教育与教学相结合、教育与教学相适应的全面发展的教育目的。做好学生理论教学管理工作，不仅仅是做好理论教学的常规管理，做好教师教、学生学、教务行政的管理，还应包括做好理论教学的实施管理，做好教学计划、组织、质量的管理。确保教师传授知识与学生能力发展相统一，确保理论教学管理的科学性与思想性相统一，确保学校整体教育管理的发展需求与政策实施相统一，促使教育教学的主客体朝着全面发展的进程发展。

（五）因材施教原则

因材施教是学生的个体特征和身心发展规律在学生理论教学管理活动中的反映，它不但是我国教学管理经验的结晶，也是现代教学管理中必须坚持的一条重要原则，具有非常重要的参考价值。在高职院校学生理论教学管理过程中实施并遵循因材施教原则，对顺利开展教育教学工作、培养适应时代需要的创新型人才有着十分重要的现实意义。

把握因材施教原则就是从学生理论教学管理的实际出发，按一定的理论教学管理目标，使理论教学管理的深度、广度、进度更适合教学的主体和对象。同时，针对学生的个性特点和个性差异，采取不同的管理方法和措施，有的放矢地进行差别教育，加强理论教学管理的实效性和针对性，使学生理论教学管理工作获得最佳的发展，从而使理论教学工作更有成效。

学生群体是个别差异的客观存在。因此,在学生理论教学管理中,无论是从传授知识的角度,还是从思想教育的角度;无论是课堂教学管理,还是课堂教学考核,都应从一而终地贯彻因材施教这一原则,立足于学生的实际情况,在全面了解学生的年龄特征、性格特点、知识水平、兴趣爱好、身心状况、个性倾向以及品德发展状况等方面的前提下,采取具体情况具体分析的办法,有针对性地对学生进行理论教学管理工作。这就要求学生理论教学管理工作者要以发展的眼光看待学生,客观、全面、深入地关心学生、了解学生,正确认识和评价学生,并根据不同学生的特点选择不同的方法和内容进行教育,防止一般化、模式化和程序化。

(六)师生协作原则

学生理论教学管理的过程实质上就是教师与学生之间的互动交流过程,师生关系是学生理论教学管理体系的重要构成因素,师生关系的好坏直接影响着理论教学氛围,影响着理论教学管理活动的组织和开展,也影响着理论教学管理的效果。从学生理论教学管理的实践和经验来看,融洽的师生关系孕育着巨大的教育"亲和力",师生之间的有效沟通能够促使师生双方得到充分的尊重和信任;师生之间的团结协作能够确保理论教学管理取得良好的进展和成效。

在学生理论教学管理中,教师主导作用和学生主体地位相协调,教师沟通与学生配合相协作是开展各项工作应把握的一条基本原则。只有弄清"教师主导学生主体"的理论实质,才能在贯彻这一原则的过程中妥善处理好二者之间的关系,从而充分调动教师与学生的主观能动性,在平等交流的氛围中取得较为圆满的教学管理效果。

教师的主导作用与学生的主体地位是辩证统一、相辅相成的。以教师为主导,是指在教学方法、教学内容和组织层面上要充分尊重教师的设计和决定;以学生为主体,是指理论教学管理要面向全体学生,使学生得到全面发展。主导是对主体的主导,主体是主导下的主体。在学生理论教学管理过程中,应深刻认识到教师与学生之间相辅相成的关系,应当在互相理解、相互沟通的基础上,充分发挥教师的主导作用及学生的主体作用。教师主导作用的充分发挥,是保证学生发挥主动性、积极性和创造性的必要前提;学生主体作用的充分发挥又是教师发挥引导、教导、指导作用的直接体现。

三、学生理论教学管理的方法

我国高职院校教育事业的开展是为了人才培养目标的最终实现,而高职院校的人才培养目标随着社会需求的不同而不断变化,从最开始的"技术型人才""应用型人才"到后来的"实用型人才",再到现阶段的"高技能人才"。因此,要准确把握社会发展及社会对人才的需求,深入扎实地开展高职院校的学生理论教学管理工作。不仅要端正办学思想,还应重视高职院校的教育教学质量,严格把控高职院校的人才培养观。应当在日常工作中加强对学生理论教学内容、过程和组织的监控和管理,及时解决和处理在学生理论教学管理过程中出现的各种问题,防止视而不见、见而不管的情况发生。随着社会人才需求数量的增加和质量的不断提高,各高职院校应当准确把握实际,尽快转变办学思想,以培养综合素质较强的高技能人才为目的。高职院校的管理人员应当充分把握高职教育教学的特点及要求,不断地开创理论教学管理新模式,以顺应时代发展的新需要。

高职院校学生理论教学管理方法主要包括制度推进法、明确职责法、质量管理法、信息管理法和激励调动法等。

（一）制度推进法

制度推进法是指高职院校教育管理者依据国家针对学生理论教学管理所颁布实施的教育法令、决定、命令、规章、制度，并结合实际，运用学生理论教学管理相关制度对理论教学活动进行指导、监督、调节和影响。运用制度管理，有利于保证高职院校学生理论教学管理的制度化、规范化，有利于保障高职院校教育教学工作的稳步开展。

运用制度推进法来实施学生理论教学管理，首先，要依据国家的相关方针政策，客观分析，建立健全高职院校学生理论教学管理制度，做到有法可依；其次，要根据自身的实际情况，不断进行归纳、总结、修改及完善管理制度，以使制度规范合理化；最后，要严格依照相关制度进行学生理论教学管理，并将各项制度贯彻至整个学生理论教学管理的各个环节当中。如果不依制度办事，再好的管理制度也只能是一纸空文。总的来说，就是在学生理论教学工作中，针对理论教学管理的不同内容制定出相应的规章制度，使管理真正做到"有制可依，有章可循"。在学生理论教学常规管理中，健全学生理论教学工作领导体制，建立院、系两级教学管理机制，充分发挥教学管理部门和学生管理部门在整个理论教学管理系统中的职能作用。分别制定对教师"教"、学生"学"以及教务行政工作的要求，如《高职院校学生成绩考核办法》等，从学生日常上课、作业完成、成绩考核等方面进行细化要求，确保教学常规的顺利运行；在学生理论教学过程管理中，对教学计划、教学组织、教学质量做出明确的管理规定，如《高职院校教学计划管理规定》，从高职院校人才培养目标着手,根据经济、科技、文化和社会发展的新情况,适时地进行调整和修订,从根本上推动教学过程的高质高效。

(二)明确职责法

明确职责法是指对参与学生理论教学管理各部分、各环节的相关部门和人员,进行明确的岗位定位和职能划分,使各部门、各人员都能够清晰、准确地把握职权与责任,在各自的岗位上各司其职,解决管理部门定位不准、监管责任缺失、服务环节比较薄弱等问题,进一步提高学生理论教学管理工作的效率和质量,提高整体管理水平。

学生理论教学管理是对教学进行指导、监督和评价的过程,也是教学管理各部门实施具体工作的过程。如果对各部门、各岗位的工作职权和范围没有一个清晰的界定,那就可能出现有的工作很多部门都在管理、很多人员参与,而有的工作却是无人问津的局面。也会造成出了问题需要协调,处理的时候不知道该找哪些部门、哪些人的尴尬局面。因此,要做好学生理论教学管理,就应当制定相应的条款,对理论教学管理的各项事宜、各个环节进行明确的分工、定位,使各部门的管理人员都能在各自的工作岗位上各司其职,团结一心,为理论教学管理,乃至学校其他管理工作贡献自己的力量。应实施以系部为主体的条块管理模式思路,进一步明确理论教学管理的各项职责。如在学生理论教学的常规管理当中,各系部对本系部所开设专业的理论教学常规管理负全部责任,教务处按学校规定对系部教学工作进行监督、指导、协调,并提供必要的服务;在学生理论教学的过程当中,各教研室负责拟订本专业理论教学的教学计划、大纲等内容,各系部负责组织调研、论证以及理论教学方案、草案的拟订,教务处负责组织专家评审、反馈。

(三)质量管理法

质量管理法是指借鉴质量管理专家休哈特博士提出的 PDCA 质量管理法,结合高职院校学生理论教学的特点,遵循科学的程序进行学生理论教学管理实践探索,经过计划、执行、检查和修正四个阶段,逐步摸索出符合高职院校学生理论教学发展需求,对学生理论教学管理有一定参考意义的管理方式,能够取得较好的管理成效。

当前,绝大多数高职院校都实现了学生理论教学的二级管理,加强了院系在学生理论教学管理中的作用。但是,由于职能的局限性,二级管理往往在学生理论教学管理工作中难以充分调动管理资源,使得管理质量低下,难以实现预期的管理目标。因此,为更好地实现学生理论教学的二级管理,应结合高职院校的实际,充分发挥质量管理法的作用,进一步促进学生理论教学管理模式的创新,推动学生理论教学管理水平的提高。利用质量管理方式,在学生理论教学管理工作计划阶段提出明确的方针和目标,并制定初步的管理规划,使工作计划更加清晰、任务分工更加明确;在学生理论教学管理工作实施阶段根据已知的信息,设计出具体的管理方法,再根据设计进行具体的运作,能够使工作交流更加频繁、任务执行更有压迫感;在学生理论教学管理工作总结阶段分析总结管理的结果,明确效果,找出问题,对成功的经验加以肯定,予以制度化;对失败的教训进行消化,引起重视,并对尚未解决的问题提出新的解决途径,能够使任务完成得更有成就感,工作目标更加明确,只要准确执行质量管理思想,密切联系高职院校实际,就能使学生的理论教学管理质量得到进一步提升。

（四）信息管理法

信息管理法是指为了有效地开发和利用信息资源,在学生理论教学管理工作中利用先进的计算机与网络技术,将管理工作的各个环节及各项制度都利用网络进行管理、监督和评价,从而从根本上实现学生理论教学体系的信息化管理,使高职院校学生理论教学管理者与服务对象能够更加方便、快捷地发布、共享各项资源,加强沟通与工作成效。

计算机技术的广泛应用和网络的逐步普及使各类信息资源更加公开化、透明化,同时也为高职院校的管理工作提供了方便、快捷的服务。要想更加科学高效地做好学生理论教学管理工作,从以往烦琐的事务管理当中脱离出来,使教学管理工作者真正意义上实现"管理资源共享",使教学管理服务对象能够及时了解相关信息的发布和制度政策的制定,在进行学生理论教学管理工作部署时就应该积极推行信息化管理方式。一方面,要重视校园网的建设,使学生能够通过网络平台了解到自己关心、与自身有重要关系的相关信息,使教师能够通过网络的微课、网络视频等多样化形式实施开放型教学;另一方面,可以通过网络管理,加强与学生、家长之间的沟通联系,得到相应的信息反馈,并根据实际情况逐步改进教育教学及管理方法,促进管理的最优化。此外,通过信息化管理的实现,能够加强高职院校教学管理各部门、各环节的联系,使各项制度一目了然,各类流程清晰明了,各项职责分工明确,从而逐步实现化繁为简的工作模式,提升信息管理的运用能力。

（五）激励调动法

激励调动法是指在学生理论教学管理活动中运用科学的激励

理论和适当的思想激发、调动教学团队的工作热情和积极性,充分发挥其主观能动性,使他们对教学产生炽热的情感,愿意自觉地、创造性地投入到工作当中,从而更加高质、高效地推动学生理论教学管理工作进程。

在学生理论教学管理中适度地运用激励调动法来提高管理成效,首先,要以高职院校理论教学团队的基本状况为根本立足点和出发点,适度进行思想动员工作,激发他们的工作热忱,使其正确地把握和看待在实施教学过程中自身的实际情况以及自身所欠缺的关键部分,愿意通过自身努力,不断提升自我素质修养,并运用目标激励法,把"大、中、小""远、中、近"的目标结合起来,使理论教学者在工作中每时每刻都能将自己的行动与预定目标紧密联系起来;其次,要客观分析高职院校学生理论教学所面临的新局面、新问题,准确全面地将各种情况传递到学生理论教学管理活动的参与、实施者当中,并运用科学的激励理论,使整个学校上下一心,积极主动地贡献力量,共谋出路,从而从根本上解决问题。作为高职院校教学工作的领导者,应以身作则,有效调动教职员工的工作积极性。要善于运用支持激励法充分引导理论教学管理的参与者与服务对象提出创造性建议,把他们蕴藏的聪明才智挖掘出来。通过一定的奖励来激励具有典型性的人物和事例,营造典型示范效应,将物质与精神奖励相结合,不断创新方式方法,提高对理论教学管理工作参与的积极性和创造性,推动各项决策的改革、创新。

第二节 高职教育学生实践教学管理

一、学生实践教学管理的内容

(一)实践教学常规管理

实践教学是高职院校教学的有机组成部分,也是突出反映高职院校学生教学工作成效的重要指标。认真抓好实践教学常规管理工作和深入开展实践教学研究是顺利完成实践教学任务、实现实践教学目标的主要途径。在进行高职院校学生实践教学常规管理工作中可以逐步系统化,其关键在于构建其系统运行模式和机制,保证教学信息畅通有效。

1.学生实践教学机构管理

要做好学生实践教学各环节的工作,应从建立完善的学生实践教学机构着手,着重加强对学生实践教学机构的管理。高职院校学生实践教学机构由教务处牵头,设置实践教学管理科,负责对整个学校的实验、实训进行宏观管理,组织实验、实训的考核和评估工作;监督各院(系)进一步做好各专业毕业实习的组织、管理工作,毕业设计(论文)写作的组织管理与总结工作。各院(系)根据实践教学管理科的相关要求设置实践管理中心,主要进行实验室、实训工厂、顶岗实习及毕业设计(论文)的衔接管理。负责安排专人做好本院(系)实验、实训设备的准备和管理工作,督促各教研室做好各专业毕业实习的安排与检查工作,合理安排各专业学生毕业设计(论文)的收集与指导工作。

2. 学生实践教学制度管理

为了加强学生实践教学管理工作,提高实践教学质量,各高职院校立足本校实际制定了学生实践教学管理制度。然而,随着社会对人才培养需求的不断变化,高职院校学生实践教学制度也会发生相应变化,这就要求从根本上做好学生实践教学制度的管理工作,要确保学生实践教学各环节的顺利进行,也要顺应时代发展的需要。应根据学生实践教学常规管理要求,以教育法规为指导,以实际需求为出发点,建立完善实践教学常规和学生实践规范等方面的规章制度。针对实验、实训、顶岗实习的具体要求,做好实验、实训、顶岗实习安全制度的管理,要求学生严格遵照实验、实训、顶岗实习制度和指导教师的要求完成实验、实训、顶岗实习,并逐步规范、完善学生毕业设计(论文)制度管理,以便顺利开展毕业设计(论文)工作。力求精练准确、简便易行,使之真正成为实践教学行为的准则。

3. 学生实践教学督查管理

学生实践教学是提升学生动手与创新能力的重要环节,也是存在安全隐患较多的教学活动。因此,加强学生实践教学督查的管理力度,对学生在进行实践活动中可能发生的问题提出具体的要求和防范措施就显得尤为重要。比如,通过要求实验室加强对学生实验中药品、器皿和实验过程的监管;监督实训工厂指导学生严格遵照实训要求穿实训服、戴钢盔,按照指导老师的要求进行实训;督促顶岗实习的学生在校外严格遵循学校和企业安全实习要求,通过加强同校内校外指导老师的联系等方式加强学生实践教学活动的督查力度,明确各职能部门的工作任务和职责,细化各阶段工作任务,扎实有效地开展实践教学活动,能够在一定程度上减少或减轻学生在实践教学活动中发生意外和危险的概率,确保学生实践教学活动的顺利开展,从而实现学生实践教学的人才培养目标。

(二)实践教学过程管理

1. 实践教学计划管理

实践教学计划是指根据课程计划对教材进行重新设计,它是课程的具体化,是课程进入教学的中介;实践教学计划从整体上与人才培养目标相统一,结合师资技能等主客观条件,并以过程观为基本原则,指定学生活动的实施计划。

(1)实验、实训教学计划管理

实验、实训教学计划由任课教师根据教学大纲编制,与理论教学计划同时完成一并上报,也可混合编制,力争开展大纲规定的全部实验。实验、实训教学计划是学校组织日常实训教学活动的总安排,由教务处根据各系(室)上报的各专业实训计划,结合学校实训(实验)场地、仪器设备、师资等条件编制全校性的教学进程计划。在实施过程中不能轻易改变,若遇特殊情况需变更的,应提前向教务处提出申请,经同意后方可变更计划。应从整体上分配实践教学时数并提出教学时可能需要的教具和实验、实训项目,并根据具体条件进行实验、实训教学计划管理,要求教师严格按照实验、实训的性质,任务与目的要求,实验、实训内容或工种(岗位)安排,实验、实训注意事项,实验、实训报告,实验、实训考核办法等内容编制教学计划。

(2)顶岗实习计划管理

学生顶岗实习应根据人才培养方案要求和教学进程表规定的

时间进行,若需调整,应及早提出计划,报教务处审查,并由分管教学的校院领导决定,各院(系)应结合企业或工地实际,组织有关教师制订出实习计划和要求。为了使实习要求更能切合企业实际,应落实聘请企业或工地指导人员,安排实习有关内容等。指导教师应事先向企业或工地了解情况,落实有关问题。各有关教研室将实习计划、要求、实习时间、地点、实习内容、学生分组及指导教师等内容以书面形式在实习前两周报教务处审批。毕业实习前由各院(系)进行实习动员,明确实习任务与要求,毕业实习结束后,学生每人应写出实习报告并进行单独考核,以优、良、中、及格、不及格五级记载。在毕业实习结束后,指导教师及时将成绩报系和教务处,毕业实习成绩不及格者不能参加毕业设计(论文)。

(3)毕业设计(论文)计划管理

毕业设计(论文)是学生在完成了全部课程学习之后,结合毕业实习或生产实际进行的一项综合性实践教学活动。为加强管理、提高质量,应着重对毕业设计(论文)工作进行计划安排管理。毕业设计(论文)计划安排应在每年的 10 月~12 月进行,由教研室根据各专业毕业学生人数进行毕业设计(论文)分组,安排相应的指导教师。指导教师根据学生的实际情况,结合专业特点组织学生进行选题,上报教研室。教研室主任会同系领导进行毕业设计(论文)题目的审定,根据学生意向、学生本人的实际能力、成绩以及课题的类型、分量、难易程度,结合指导教师的意见进行综合平衡,最后确定课题分配,并将最终选题结果进行汇总报系主任审批,督促各指导教师向学生讲明开题内容、形式、研究(设计)流程、写作要求和时间期限等具体要求,解答学生疑问,指定主要参考资料,并以书面形式将课题任务书下达给学生。

2. 实践教学组织管理

学生实践教学的组织管理由各学院(系)统一负责,按照实践教学计划的总体要求,由专业教研室同指导教师、辅导员(班主任)共同完成。学生教学组织管理要为教师的发展和创造性工作营造宽松和谐的环境和条件,做到有计划、有落实有检查、有反馈。

(1)实验、实训教学组织管理

实践教学组织实施是根据已确定的实践教学文件,对教学全过程的一种管理活动。由任课教师按大纲要求协同实验实训场地管理员准备好一切所需的器材并做好仪器设备的检测调试、安全措施、数据整理和实验、实训报告的要求等;在授课过程中,由实践教学管理部门督促任课教师做好讲课、示范、操作、指导,启发学生手脑并用,训练技能、发现问题、解决问题;实验、实训人员在课后应认真填写实验、实训教学日志,同时督促学生做好实训器材和实训场地整理、清洁工作,并指导学生撰写实训日记、实训报告、实训总结等,及时向教学职能部门提供实训教学中的各种信息、建议或经验。

(2)顶岗实习组织管理

顶岗实习是实践教学环节的重要内容,是学校教育和教学工作的重要组成部分,是一门理论联系实际,掌握实践技能从而更好地进行理论学习的综合性实践课程——主要由各院(系)根据专业培养目标组织教研室制定顶岗实习大纲,督促各顶岗实习指导教师执行顶岗实习计划,做好实习前的有关准备工作,并指导各专业辅导员(班主任)做好学生的思想政治工作,了解和处理顶岗实习中的业务和生活问题,定期向院(系)及实习单位汇报;教务处实践教学管理科负责汇总各院(系)的实习计划,协助各系(室)建立顶岗实习基地,并对顶岗实习工作进行检查监督、评估、总结和交流。

(3)毕业设计(论文)组织管理

毕业设计(论文)题目确定后,由各系(室)进行毕业设计(论文)动员,向学生下达毕业设计(论文)任务书,由各指导教师向学生具体布置毕业设计(论文)工作,明确毕业设计目的及要求,指定必要的参考文献及资料,着手准备开题报告通过后,各系(室)应随时督促指导教师对学生进行撰写指导,并开展毕业设计(论文)中期检查,检查毕业设计(论文)各阶段任务完成情况。及时将存在的问题、需要整改的部分反馈给各指导教师,由各指导教师负责指导学生进行修改、定稿,并按要求提交毕业设计(论文),进行毕业答辩的材料准备。

3. 实践教学质量管理

实践教学由实验教学计划、内容和方法、手段以及考试考核等环节组成,实践教学质量管理贯穿实践教学的全过程。教学检查和考核是检查实训教学实施情况、考核学生掌握实践操作技能程度和应有能力培养状况的重要一环,主要包括检查实训教学资料、统计实训教学开课率、考核评分和实训教学中存在的问题和经验总结等。

(1)实验、实训教学质量管理

通常以各院(系)的实践管理中心对教学资料、教学开课率及实验、实训教学组织实施情况的检查作为衡量标准。主要是检查实验、实训教学文件是否齐全规范,实训教学日志、设计图纸、实训报告、总结等综合材料的情况和教师批阅情况,并督促各教研室做好实验、实训教学原始记录,各学期实验、实训教学按计划执行情况以及实验、实训开课率等方面的信息汇总。以各教研室的教学准备、人员落实及组织实施情况,备课、授课、示范、巡视、指导、答疑考核评分情况和实训基地(实验室)管理、仪器设备维护、检测等情况为主要考核内容。

(2)顶岗实习质量管理

顶岗实习教学质量管理主要由各系(室)的实践管理中心负责,督促各专业辅导员(班主任)密切联系学生,了解学生顶岗实习的情况,并要求学生在规定时间内上交相关实习资料。教务处实践教学管理科依据各专业辅导员(班主任)上报的学生顶岗实习材料进行管理、归档。考核成绩的评定主要依据学生上交的实习周记、实习总结、顶岗实习考核表等内容。顶岗实习结束时每个实习生都应按质按量地完成实习周记,并对照实习要求、围绕实习过程检查自己的工作态度、方法、纪律等方面的情况,总结收获、体会和成绩,找出差距。学生明确今后学习的努力方向,改进学习目标,制定提高措施,并填写《实习总结》顶岗实习考核表,认真进行书面个人总结,顶岗实习指导教师根据实习生的表现,结合实习单位的意见写出评语、评定成绩,然后提交教务处。指导教师对本次实习质量进行分析与评价,提出对今后实习工作和教学改革的意见和建议。

(3)毕业设计(论文)质量管理

各专业学生完成毕业设计(论文)的撰写后,由教务处抽取一定比例的毕业设计(论文)进行抄袭检测,学生根据检测结果修改论文并提交指导教师,准备毕业答辩。这是毕业设计(论文)质量管理的关键环节,应严格把控毕业设计(论文)质量关。检测完成后,对于重复率较高的毕业设计(论文),应要求指导教师进行信息反馈,并取消相关学生的答辩资格,要求限期整改;对于重复率较低的毕业设计(论文),应作为本批次的优秀论文予以推荐;并及时组织其他学生参加毕业答辩。毕业答辩后,由各系(室)完成毕业设计(论文)纸质材料的审核、总结(包括任务书、开题报告、说明书、成绩评定表等资料)工作,教务处实践教学管理科对各系(室)上报的材料进行审核、存档,从而监控毕业设计(论文)的质量管理。

4. 实践教学条件管理

随着高职院校学生实践教学的稳步推进和实践教学比重的逐步增加,进一步做好学生实践教学条件管理,为实践教学提供人员专业、设施完备的服务体系,有利于加强实践教学质量,从而带动高职院校教育教学水平的提高。

(1)实践教学师资队伍管理

在实践教学的过程中,首先,应建立健全实践教学管理人员的岗位责任制,加强对学生实践教学人员的管理和考核。实践教学开课前,各任课教师和实践教学管理人员必须认真做好各项准备工作,检测仪器、设备和有关用品是否完备及是否处于良好状态;实践教学开课后,任课教师应向学生讲明具体的操作及安全注意事项,并对学生参与实践教学的情况进行考核;实践教学结束后,实践教学管理人员应及时清点和检查设施设备及用品,做好整理和保管工作。其次,建设"双师型"的师资队伍是运行实践教学管理模式的重要条件之一。高职院校应该制定长远的教师队伍建设规划,注重培养专业带头人、学术带头人和骨干教师,注重中青年教师的培养和提高,注重从行业企业聘用兼职教师,注重落实教师全员聘任制和岗位责任制,建立一支数量足够、结构合理、素质优良、师德高尚,既有较高理论水平,又有较强实践技能的具有高职教育特色的"双师"素质教师队伍。

（2）实践教学设施、设备管理

学生实践教学设施、设备完善是确保整个实践教学工作顺利开展的首要条件,应加强对学生实践教学设施设备的管理力度。在管理体制方面,成立安全领导小组,选派对安全工作认真负责,具有丰富经验的工作人员担任安全工作责任人,根据实验室日常工作情况,研究制定符合该实验室特点的安全措施,预防事故发生,明确安全责任,消除安全隐患;在完善防护设施方面,针对实验实训室里各种教学器材,实验人员进行定期检查和登记,制定《实验室安全手册》。实验操作前和操作后对所有设施设备进行全面检查,操作有毒有害、有危险的实验时专门设置规范的屏蔽设施和操作空间。在实验室安装视频监控系统,对危险物品进行统一管理。制定应急预案,用来处理各种突发事件;在落实执行情况方面,应加大监督检查执行力度。实验人员每天定期检查,领导小组每月定期检查。对检查中发现的安全隐患及时提出整改意见并限期整改,使各项规章制度真正落到实处。

二、学生实践教学管理的原则

学生实践教学管理是当前高职院校发展的重要出发点,是教学规律在管理工作上的反映和应用。实践教学管理的目的和任务是贯彻国家的教育方针,确保高职院校教学工作有计划、有步骤、有条不紊地运转。总的来说,高职院校学生实践教学管理工作主要依托于质量和规模相结合、教学和实践相结合、教育和教学相结合、系统和阶段相结合、定性和定量相结合、灵活和规范相结合等原则进行。

（一）质量和规模相结合原则

实践教学在教学目标、任务和教学内容上首先要求实践教学要建立与之相适应的教学规模。因此，实践教学要立足现有的实践教学条件，充分挖掘自身潜力，不断强化规模管理，增加实践教学环节或活动项目，充实实践教学内容，逐步健全实践教学质量保证体系，确保质量和效益的稳步提高。

（二）教学和实践相结合原则

教学管理是以教学为管理中心的一切管理活动总和，实践管理则是以实践为管理中心的一切管理活动的总和。课堂教学是理论教学最基本的组织形式，实践教学管理既要根据自身特性体现自身的管理特色，又要在管理的各个环节和层面上，如教学目标设定，任务明确，体系构建，教学内容、教学环节和活动的计划安排等若干方面，自觉地协调与课堂理论教学的关系，使实践教学和课堂理论教学融会贯通。

（三）教育和教学相结合原则

实践教学在教学目标任务和系统上要求实践教学管理要把教学管理和教育管理有机结合起来。一是要在保证完成基本的实践教学任务的基础上，自觉地将素质教育的内容融汇到实践教学中去；二是要把实践教学和其他教育活动管理有机结合起来。这样有利于激发和调动学生的学习主动性、积极性，而且有利于综合开发实践教学资源，提高实践教学的综合效益。

（四）系统和阶段相结合原则

实践教学在组织形式上、效益上要求实践教学管理要把系统化管理和阶段化管理紧密结合起来。既要把实践教学体系和每一个环节或活动作为相对独立完整的教学系统进行管理,又要根据实践教学活动周期长的特点将整个管理过程划分为若干阶段组织实施,明确阶段管理目标、任务,分步骤地落实。

(五)定性和定量相结合原则

实践教学要求把定性和定量管理有机结合起来,是指在管理中本着全面、公正、客观的管理原则,针对实践教学体系和各项实践教学活动的具体特点,设定定性管理和定量考核指标,并与整个教学管理及其他有关学校管理工作直接挂钩,是定性和定量管理有机结合的程度体现。

(六)灵活和规范相结合原则

实践教学在组织形式上要求灵活性和规范性相结合。一是针对实践教学的特点,明确相对统一的管理思路、管理目标和任务,制定相对统一的管理要求和标准、规范管理的活动程序;二是针对实践教学的个性特点,按照管理层次,明确管理职责、管理目标和任务,层层下放管理权限,充分发挥学院、指导教师和学生的管理职能。鼓励指导教师采用灵活多变的教学和组织管理方法,给学生营造宽松的学习和自我管理空间,进而提高实践教学的教学效益和管理效益。

三、学生实践教学管理的方法

学生实践教学既是教学过程的重要环节,又是培养应用型人才的首要突破口。为加强高职院校对学生实践教学工作的管理,进一步完善落实实践教学新体系,使教学能够紧密地与生产实际需要相结合,应及时转变教育观念和教育思想,加强对学生实践教学重要性的认识,对实践教学进行科学化、规范化管理,保证实践教学工作的顺利进行。高职院校学生实践教学管理方法主要包括教学质量控制法、管理制度制约法、评价机制激励法、理论实践结合法和校企合作推进法等。

(一)教学质量控制法

教学质量控制法是指将全面质量管理理论引入实践教学,确立涵盖全部实践教学环节的全方位的质量管理体制,构建贯穿实践教学全过程的质量监控体系以此作为衡量高职院校学生实践教学成效的主要标准。

教学质量是高职教育发展的核心,是高职教育的生命线,是高职院校得以生存与发展的立足之本。教学质量监控是保证教学质量不断提高的重要方式,其目的是通过对实践教学质量的动态管理,促进学校合理、高效地利用各种资源,顺应社会环境的变化,从多方位开展实施教学质量监控。其内容主要涵盖了对实践教学人才培养目标、教学计划、教学过程、学生信息反馈等方面的控制。不仅是适应新时期高职教育发展的客观需要,也是以教学质量监控内容为中心,努力提高高职院校人才培养质量的必要手段。应通过加强调查研究,编制科学、实用的教学指导性文件以及通过听课、教学检查、学生评教、实践操作等方式实现监控目标的目的,并逐步建立实践教学情况档案,严格遵照相应标准执行考核,全面提升实践教学质量。

(二)管理制度制约法

实践教学管理不应该是随意性的教学活动,需要建立完善的科学制度予以规范,从制度上规定实践教学管理的内容、运行机制、过程管理及目标管理。高职院校必须建立健全实践教学管理体系,运用现代化的实践教学管理系统弥补现有实践资源短缺造成的实践教学困难,科学规划,有效合理地利用实践教学资源,为培养具备综合素质的高职人才奠定基础。在实践教学过程中,必须对传统的管理形式进行合理有效的分析,在现有教学基础的前提下突出实践教学的重要性。据此制定相应的管理制度,涵盖实验、实训、顶岗实习、毕业设计(论文)等各方面以及各环节的内容,明确各部门、各岗位的职责和义务,明确涉及的岗位和部门在实践教学活动中的考核、评估、检查、验收标准以规范实践教学管理人员、教师、学生的行为,促进各部门、各人员之间的相互支持、协调统一。

(三)评价机制激励法

评价机制激励法是指通过建立科学、合理的评价管理机制,正确运用考核评价机制,充分发掘内部潜力,不断提高学生实践教学管理者、教师及学生的能力,以保证高职院校学生实践教学工作的有效开展,更好地为高职院校改革、发展提供有力的保障和服务。

目前,高职院校的学生实践教学管理相对较为松散,各专业缺乏科学的实践教学计划、实践教学大纲,实践教学内容和课时与市场需求存在较大距离。要提高实践教学成效,应从整体把控评价机制激励的实质内涵。要积极借鉴高水平的高职院校职业教育管理经验,尝试在实践教学管理改革中建立有利于全员参与实践教学质量管理的激励约束机制,研究实践教学管理与学生职业素养养成的内在联系。在提升学生实践教学管理地位的同时,给予实践教学教师以精神层面的激励;应强化检查力度,监督学生定期进行实践活动,鼓励学生在实践中提升自身操作经验。逐渐引导学生树立学以致用的学习理念,建立正确的导向,发挥管理机制的作用,让工作人员以现有发展模式为管理基础,按照学院的实际要求,确定合理的评价机制。

(四)理论实践结合法

理论实践结合法是指在学生实践教学管理的过程中,不仅要注重在实际管理当中所呈现的主要问题,还应充分运用在以往的学习、工作中吸收的理论知识,采取科学、有效的方式把理论与实践相结合,理论作为实践的参考标准,实践作为理论的产生依据,以此来进行实践教学管理。

理论与实践教学管理在整个教学活动中占有同等重要的地位,仅有实践性而缺乏理论性和仅有理论性而缺乏实践性都不是指导教学活动的有利条件,应合二为一,在此基础上不断地整合、总结、完善。理论与实践教学管理的并重,就是注重两者在整个教学活动中的比重,实现功能性的平衡,既满足学生对理论和实践的需求,又促进了教学品质和目标的实现。一是在制定人才培养方案时,应从培养应用型、创新型人才的需要出发,协调理论教学和实践教学时间的比例,要打破传统的学科界限,使高职的实践教学内容服务于所要解决的职业领域的问题,高职实践教学管理模式的选择也要注意与市场实际情况相衔接;二是为适应实践教学的需要,高职院校必须以人才市场的需求为核心,按模块设计课程,综合考虑知识结构、应用技能与特殊个性化需求等因素,对现行课程体系重新整合。应在不断摸索中适当增强创新意识,增加社会、教师与学生需求性的比例,结合上级规定制定各种管理方案,以指导实践教学管理,并在实践教学活动中不断总结、归纳得出符合高职院校自身发展特点的理论指导依据。

（五）校企合作推进法

校企合作推进法是指高职院校与企业建立一种长期的合作模式,将实践教学活动的阵地逐步转移到真正的实践场所,按照突出应用性、实践性的原则进行管理改革,以推进高职院校学生实践教学活动,加快学生实践教学管理工作进程。随着社会竞争的日益激烈,各高职院校为谋求自身发展,抓好教育质量,纷纷采取与企业合作的方式,有针对性地为企业培养人才,注重人才的实用性与实效性。同企业建立长期的合作关系,将实践教学搬进企业正逐步成为一种全新的人才培养模式。因此,要实现学校与企业资源、信息共享的"双赢",高职院校应以应用为目的,根据社会经济发展的变化不断调整,优化课程体系结构,重视专业技能实践性环节的落实,彻底打破三段式的教学模式,真正实现专业理论与实践教学比例的1:1;应以前期按专业大类培养,后期分专业方向训练为具体思路,制订切实可行的、多样化的、柔性教学计划,把自由选课制、分绩点制、弹性学习时间制、间修制、主辅修制等纳入学分制管理范畴,加强实践环节教学,探索工学结合的人才培养模式。比如,可以根据企业用工需要与生产一线人才的要求,将半年实习时间改为一年,实施"2+1"的人才培养模式;成立就业实习中心,实施企业法人管理机制,建立实习、就业、职业规划设计指导三支队伍,以保证"2+1"人才培养模式的顺利实施。

第二章　高职教育实践管理机制与组织结构

第一节　高职教育实践教学管理的机制

一、实践教学管理机制的含义及组成要素

（一）实践教学管理机制的含义

1. 管理机制的定义与特征

机制原指机器的构造和工作原理。现已广泛应用于自然现象和社会现象,指其内部组织和运行变化的规律。把机制的本义引申到不同的领域,就产生了不同的机制。如引申到生物领域,就产生了生物机制;引申到社会领域,就产生了社会机制;引申到管理系统,就产生了管理机制。管理机制是指管理系统的结构及其运行机理,本质上是管理系统的内在联系、功能及运行原理,是决定管理功效的核心问题。其具有下列特征:

（1）内在性

管理机制是管理系统的内在结构与机理,其形成与作用是完全由自身决定的,是一种内运动过程。

（2）系统性

管理机制是一个完整的有机系统,具有保证其功能实现的结构与作用系统。

（3）客观性

任何组织,只要其客观存在,其内部结构、功能既定;必然要产生与之相应的管理机制。这种机制的类型与功能是一种客观存在,是不以任何人的意志为转移的。

（4）自动性

管理机制一经形成,就会按一定的规律、秩序,自发地、能动地诱导和决定机构的行为。

（5）可调性

机制是由组织的基本结构决定的,只要改变组织的基本构成方式或结构,就会相应改变管理机制的类型和作用效果。

2. 实践教学管理机制

各高职院校实践教学体系的内容和组织机构基本相似,为什么组织效果却千差万别? 通过调查研究发现,这主要是各院校的实践教学管理机制不同。实践教学管理机制是指为保证实践教学的进行所涉及的各级与实践教学相关的组织或机构、各利益相关主体之间为一个共同目标相互作用的关系体系。这个关系体系通过有关制度的制定和实施,规范体系内的相关利益主体的行为,确保高素质、高技能人才这一培养目标的实现,同时也保障了整个管理体系的正常有序运转。

部分高校管理者对实践教学体系的构建在认识上缺乏前瞻性、系统性,进而造成在组织运作上没有有效的方法和机制,最后达不到培养学生掌握科学方法和提高动手能力的效果。实践证明,实践教学的管理是有规律的,应该客观分析当前高职教育各方面面临的新变化,深入思考其对学生、教师和学校的影响;遵循教学规律,做出相应的对策并在实践中修正;总结成果,形成新的理念或规范制度;在正确的办学宗旨和定位下,学校制定制度与机制保证创新不断涌现。正是最后形成的制度与机制促进了实践教学运行机制、动力机制和约束机制的建立,保证了实践教学体系建设的良性发展。

(二)实践教学管理体系的组成要素

从校外要素来说,实践教学所涉及的要素主要包括政府部门和企业、行业、社区、家长等。从校内要素来说,不同的院校、不同的校情和历史渊源使得各院校的机构设置及管理层次各有不同的特点,但任何一个院校其校内管理体系所涉及的利益主体都是共同的,即管理人员、教师和学生。管理系统内运行机制的建立必须考虑各利益主体之间的相互关系。

二、实践教学管理机制组成要素的职责

这里所说的实践教学管理机制组成要素,既包括校外要素,也包括校内要素。实践教学管理体系既包括与实践教学有关的各级各类组织、机构与组成人员,也包括制约这些组织机构及人员行为的相关管理制度或规范。

(一)实践教学管理体系中政府的职责

高职院校的社会实习实践活动是高校与社会的合作,单靠院校自身的力量和努力很难做好做实,需要政府的协调与参与。政府应当利用自身的优势和条件协助当地高职院校与社会企事业单

位的合作,建立高质量、稳定的实习基地,提高实习质量。

第一,政府要经常深入高职院校进行调研,与高职院校共同研究如何建立高校社会实习实践运行机制。随着社会经济的发展,高职院校的专业建设、课程设置、教学质量以及人才培养目标等,与社会的需求与发展日益密切,政府对高职院校的关注度也日益提高。同时,政府应该经常性地到高职院校进行调研活动,与工作在高职院校实习实践一线的教师进行座谈,了解高职院校在实践方面,特别是在建立实践基地方面存在的困难,为主动帮助高职院校解决实践问题、就业问题做好准备。

在调查研究的基础上,政府还要与高职院校一起努力探索如何切实解决高职院校社会实习实践难题的新思路,特别是结合我国当前经济发展特点和就业形势,全盘考虑学校、学生与社会、企事业单位利益,形成健康、规范的市场运作和管理模式。

第二,在了解高职院校实践教学实际困难之后,政府要根据自己的优势,为高职院校与社会单位搭建桥梁。政府要主动向企事业单位大力宣传高职院校实习实践环节对于人才培养和社会发展的重要意义,提高他们对高校实践的认识,特别是让他们了解支持教育事业的发展是全社会的责任,每个企事业单位都有责任为学生实习实践提供条件和机会,这不仅有利于大学生的成才,更有利于企业和社会的发展。政府更要主动为高职院校联系实习实践单位,帮助高职院校与实习实践单位沟通,协调各方面的关系,调动企事业单位承担高校实习任务的积极性,促进实践基地的建设。另外,政府有关部门还应该通过建立网络信息管理或中介机构,及时发布高校专业人才培养情况和实习实践单位情况,促进双方的了解、沟通与合作。

第三,政府还要努力促成校企合作。校企合作的实习模式是近年来解决学生实习和就业的一种新的尝试,并取得了良好的社会效益。一个好的校企合作项目,不但有利于学生实际能力的提高,还能解决学生的就业问题,因此,政府要在条件适宜的时候,积极地促成校企合作,实现实习与就业的直接对接。同时,校企合作对企业人才培养、更新和技术研发等也能起到良好的作用。政府要加大对校企合作项目的资金投入和政策倾斜,保证合作项目的有效长期、稳定地开展,既保证高职院校实践环节高质量地完成,又为企业培养了毕业后即刻上岗的后备军,解决了就业问题,实现了高校、大学生、企业、社会多方受益。政府还要促进校企双方充分利用校企合作资源,提高校企合作项目的利用和收益。学校不但将此作为学生毕业实习基地,还可以用于认识实习或相关课程的观摩、实践教学基地和假期社会实践基地,并通过对企业发展的了解,促进相关专业建设、课程设置的调整以及人才培养模式的完善,将人才培养与社会需求相统一。企业利用学生实习机会,选拔适合的人才留在企业;将企业需要的人才与高校沟通,有针对性地培养企业需要的人才;与高校开展技术合作和项目研发,利用高职院校师资对员工进行培训等。

(二)实践教学管理体系中管理人员的职责

实践教学管理体系的主体要素包括管理者、教师和学生。这三大要素具有不同的职责。实践教学管理人员主要包括学院实践教学的职能管理部门的管理人员、各系(部)的教学管理人员和实训基地的管理人员三类。

1. 学院实践教学的职能管理部门的管理人员

学院实践教学的职能管理部门的管理人员是代表学院对全院

的实践教学进行宏观的总体规划与安排的,包括对实践教学总学时的要求,每学期各专业实践教学的具体安排,实践教学基地、实验室、实训室的建设规划,制定有关针对实践教学管理的制度,规范专业实践教学文件编制的具体要求,对各专业实践教学实施过程的服务、监督,管理,负责协调实践教学基地在接受学生实习实训等活动中的有关事项。

2. 各系(部)的教学管理人员

各系(部)的教学管理人员是实践教学的一线管理者,负责组织本部门实践教学文件的研制,本部门实践教学任务的协调与落实,对本部门实践教学实施过程的服务、监督、管理,负责本部门所属的实习实训基地及实验室的建设、维护和管理,积极开拓校外实践基地,负责本部门学生实习实训的日常管理,维护良好的实践教学秩序。

3. 实训基地的管理人员

实训基地的管理人员包括生产性实训基地的厂长经理及各级管理者、非生产性实训基地的各级管理人员等。他们的职责主要是维护实训基地的正常工作、生产秩序,保证设备的正常运行;依据教学计划接受、指导、管理相关专业学生的实习实训;对教师的有关实践教学活动、教学研究、技术开发与推广给予支持等。

(三)实践教学管理体系中教师的职责

教师主要是指从事实践教学的校内专职教师及校外兼职教师,也包括校内生产性实训基地的实践指导教师或技术人员。

他们的主要职责是参与各种实践教学文件的研制;参与校内外实践教学基地、实验室的建设;根据学校实践教学的总体要求及有关教学安排,组织实施、指导、评价学生的各类实践教学活动,确保学生在校期间能够掌握相关技能。

(四)实践教学管理体系中学生的职责

学生的主要职责是根据专业教学计划的有关要求,在实践教学指导教师的指导下,完成各类实践教学活动,掌握相应技术等级的技能,接受教师对其参加的各类实践教学课程成绩及技能水平的评价,对学校及专业有关实践教学的管理与安排、实践教学的内容、质量、效果等提出意见、要求并进行综合评价。

三、实践教学管理机制的运行

(一)教学管理机制运行的含义

教学管理机制的运行就是指在认识客观教育规律的基础上,自觉运用这些规律并相应采取各种调节手段调节整个学校教学运行的过程。教育的客观规律大致包括以下两个方面:

第一,教育同社会发展的内在的本质关系是从宏观上揭示教育同生产力发展和一定社会政治、经济、文化发展之间相互联系、相互制约的规律。在高职教育中,学校与社会经济、政治、文化的关系密切,它不仅涉及学校专业的设置,还涉及如何培养人才的问题。因此,必须引起学校的高度重视。第二,教育内部施教者同受教者间的内在的本质关系是从微观上揭示教育者同教育对象身心发展之间相互联系相互制约的规律。

(二)实践教学管理机制运行的含义

实践教学管理是整个教学管理的一部分,实践教学管理机制的运行也是整个教学管理机制运行的一部分。对照教学管理机制运行的含义,实践教学管理机制的运行是指在认识客观教育规律的基础上,自觉运用这些规律并相应采取各种调节手段调节影响学校实践教学运行的各种要素之间的关系,使各要素的行为符合教育规律的过程。在这个过程中,要保证各要素作用和功能的发挥需要有好的管理机制。

四、实践教学管理机制的建立

实践教学管理机制的建立是关系实践教学效率与质量的一个关键问题。管理机制的建立要以理念创新为先导。通过实训管理机制结构的调整,努力构建以学生为本、全面参与的激励机制、以自我管理与科学考评相结合的控制机制组成的双重机制。

(一) 实训管理机制的转换

1. 管理机制的关键作用

实训是在教师指导下,在"做中学"的一种师生互动过程。在传统的教学中,这一过程完全是在教师的直接管理和监督下进行的。学生并不深入了解实训的实际意义,毫无积极性可言,是在被管理、被监督的条件下被动参与实训过程。这必然导致实训组织松散,效果低下。同时,由于采取教师对实训组织与管理工作全部包下来的方式,因此,实际工作常常疏于管理,组织不到位。要有效地提高实训组织管理的实际效果,最根本的就是要转换实训的管理机制,这是提高实训质量的关键因素。

2. 理念更新是机制转换的先导

要转换实训的管理机制,首先要突破传统观念,更新理念。从以教师为中心转变为以学生为中心。实训是"做中学"的典型形式。而"做"与"学"的主体是学生,所以,实训当然以学生为中心。实训在本质上是学生为了培养技能的实践活动,必须主动去做,并自我管理与控制。教师只是学生实训的指导者、服务的提供者,不能"反客为主",越俎代庖。

从强制性的外在管控转变为以兴趣为核心的内在驱动。传统的教师管理监督是一种外在的、行政式的管控,不利于学生积极性的调动。只有采用现代的、以调动学生积极性为核心的激励方式,才会使学生自愿参与,积极活动,才会在根本上提高实训质量。这种内在驱动的核心是学生对实训活动的兴趣机制的作用。

从以知识为本位的终结式考试转变为以能力为本位的形成式考核与终结式考核相结合。在传统的实训考核中,由于技能的柔性化,知识测试仍占有重要地位,并且采用"一锤定音"的方式来考试。这种方式不但不能准确考核学生的真实技能,而且会放松对学生实训过程的必要约束与控制,从而严重影响实训的质量与效果。注重能力的考核,并将形成式考核与终结式考核结合起来,则会较为准确地评价学生的真实能力,并实现对实训全过程的约束与控制,从而保证实训的质量与效果。

3. 构建激励与控制双重管理机制

实践教学激励与控制双重管理机制是指通过教学结构的调整,所形成的基于"以学生为中心"理念的有效激励、自主控制的结构、机理与功能。

一定的管理机制是以一定的管理结构为基础的,是特定管理结构所形成的机理与功能。转变实训管理机制,必须首先调整实训管理结构。实训管理结构主要包括以下四个方面:

（1）师生结构

要确立师生之间的平等关系,特别是学生在实训中的中心地位。

（2）组织结构

营造职业环境与氛围,为学生自主管理提供组织载体,要打破教学班——这种更适合讲授的组织形式,建立各种模拟职业型组织形式,如模拟公司。

（3）权力结构

在传统的管理中,实训计划与实施的权力完全由教师执掌,学生只是被动地服从。应建立一种师生共商实训计划、学生自我管理和控制的扁平化权力结构。

（4）考核结构

要确立以学生为主要考核主体的地位,并注重形成式考核,建立由学生控制的全程化考核结构。当实现了上述结构的调整之后,会形成新的管理机理,发挥特定的管理功能主要包括:①实训动力机制:对学生实施有效激励,激发学生参与实训的积极性。②实训控制机制:对实训活动进行科学控制,这主要是一种学生直接控制方式,教师的控制则是间接的。这两种机制缺一不可,只有激励机制而无控制机制,实训就会失去规范性和必要的约束;而只有控制机制而无激励机制,实训就会缺乏动力而陷于消沉,这两者都会造成实训活动效率低下,质量降低。只有激励与控制双重机制有效互补,共同影响与作用实训过程,才能保证实训过程的高效率,促进实践教学质量的不断提高。

(二)以学生为本、全面参与的激励机制

1. 将教学班转变为学习团队组织模拟职业型组织

团队管理理论主张从传统的"命令型"垂直式管理组织转变到"民主型"扁平式的团队管理组织,强调自主管理,沟通合作。适应实践教学的需要,打破教学班的唯一形式,尝试建立各种形式的团队学习组织,即各种与所学专业对应的模拟职业组织形式。主要做法是:经过竞聘产生各公司总经理;通过招聘与自愿组合的方式组建若干课程模拟公司;实践教学以公司为单位组织;各公司自主安排课外与校外各种专业性活动。

2. 学生自主管理、全面参与

为最大限度地鼓励学生参与教学过程的设计与管理,实行"三同一轮":课前,师生共同设计与策划教学安排(将实训指导大纲发给学生);课上,师生共同组织实践活动(由学生模拟公司主持);对实训成绩师生共同评价(以学生为主,教师为辅);实行课程公司轮值主持制,即每一章都由一家轮值主席公司负责主持该章的教学与实践活动,并负责评定全班成绩。学生自主管理的团队学习促进了学生的全面参与、全员参与、深度参与。

3. 运用多种形式激励学生参与实训积极性

激励人工作最有效的因素是一些和工作本身相关的因素,即对工作本身感兴趣。运用到教学领域,调动学生实训积极性最有效的激励因素是使学生对实训本身感兴趣。在实训中,对学生有明显激励的要素主要有以下六个:

(1)实训内容的有用性

在实训之前及过程中,教师要引导学生认识实训内容在未来

就业中的重要意义,以吸引其积极参加。这是最基本的调动积极性的因素。

（2）实训方式的趣味性

实训方式本身的有趣性以及克服单调乏味的新奇感,都会吸引学生积极参与。

（3）表现欲的满足

年轻人的一个突出心理特征就是有很强的表现欲望,愿意在别人面前显示自己的长处、能力和热情。在实训过程中给学生更多的表现机会,使实训的过程成为学生广泛参与、自我表现的过程,就会极大地调动学生参与实训的积极性。

（4）增强挑战性

争强好胜是年轻人的又一大特征。在实训中有意识地设置一些难题与障碍,或强调活动的困难程度,会使学生产生一种敢于挑战强者、战胜困难的激情与冲动,从而以更高的热情积极参与进来。

（5）鼓动竞争会使个人或群体产生巨大的压力与动力。在实训过程中,有意识地设计一些个人或团队之间的竞争,如企业盈亏、绩效排名等,就会使那些不甘落后的学生认真对待,全力以赴,一争高下。

（6）营造心理突破氛围

学生的情绪极易受到环境与群体因素的影响。在消沉冷漠的气氛下,学生的激情是很难被激活的。因此,在实训中营造一种有利于激发学生热情的氛围是至关重要的。

（三）以自我管理与科学考评相结合的控制机制

1. 精细严密的组织

实训活动鼓励学生自主管理与自我控制,绝不等于教师听之任之,恰恰相反这需要教师付出更多的努力与筹划。教师的角色从台前走到台后,从直接控制转到间接控制,这就需要教师精心策划,严密组织,提供尽可能具体的指导与帮助,引导和支持学生更好地组织与控制实训教学。特别要抓好事前设计、师生共商,实施中引导、全程帮助等关键环节。

2. 人性化教育与管理

鼓励学生自主管理与自我控制,也绝不等于教师完全放弃教育与管理。问题的关键是要放弃空洞说教和简单的行政式管理,取而代之的是要实施基于现代"以人为本"的人性化教育与管理。在实训教学中,教师要以平等身份,以沟通的手段,与学生进行互动与交流,启发诱导学生的自主、自律、自强意识,深入感悟职业意义与职业体验,增强训练技能自觉性,以开展有序、高效、高质量的实训教学。

3. 以自我管理为核心的团队约束

团队管理的核心是自我管理,是靠成员角色的自律和团队成员之间的互律,以及整个团队的隐性规范、群体氛围、内在压力来实现的。在实训过程中应充分重视与发挥学习团队的约束作用,实施内在的柔性化控制。要按照现代学习团队的要求建立模拟职业性组织,使其形成较强的内在凝聚力、先进的群体规范与氛围,并进而形成各团队之间的良性竞争,以充分发挥团队的内在约束作用。要尽可能以模拟公司为单位组织实训活动,强化公司的组织者地位;以模拟公司为单位统计学习成果,定期公布,强化公司间竞争;将各公司成果记入其成员的学习成绩中。

4. 全程化、全员化、立体化考核

要构建全新的考核体系,突出学生的全员考核地位,突出全过程考核。

（1）考核对象全程化

把学生实训的全部过程、每项实践都列入考核范围。课程评分结构为：平时 60 分（主要是实训成绩）+期末 40 分（包括 30 分网上考试和 10 分口试）。

（2）考核主体全员化

学生在实训过程中的考核，全部由全班同学或轮值主席公司的全体成员评估打分，每个人都有机会为全班同学打分。按照"大数定律"，实际考核成绩是基本合理的。

（3）考核媒介立体化

主要有项目考核、操作考核、作业评定、现场评估、集体打分、网上考试、口试等多种形式。实现考核手段计算机化，如编制自动组卷软件与网上考试软件，以实现网上考试。

第二节　高职教育实践教学管理的组织结构

一、组织概述

管理人员一旦确定了组织的基本目标和方向，并制订了明确的实施计划和步骤之后，就必须通过组织职能为决策和计划的有效实施创造条件。组织职能是保证决策目标和计划有效落实的一种管理功能。组织是由人组成的，又是由人来管理的。几乎每个人都是组织的成员，在其中工作、学习和生活。同时我们和许多组织有利益关系，我们赖以生存的资源要由组织来提供，我们是各类组织所提供商品和服务的消费者及顾客，我们服务社会的愿望也要通过加入一定的组织得以实现。此外，还有一些人是组织的管理者,想方设法提高组织的效率和效益。因此,组织与人息息相关。所以,组织在人的生活、工作和社会发展中有重要的地位,组织的有效运作离不开对组织行为及其规律的研究。

(一)组织的含义

1. 组织的一般含义

组织是为了达到某些特定目标,在分工合作基础上构成的人的集合体。组织作为人的集合体,不是简单的毫无关联的个人的加总,它是人们为了实现一定目的,有意识地协同劳动而产生的群体。可以发现我们周围被称为组织的群体,如某企业、某协会、某政府部门。这些组织从事的活动各不相同,但它们都有目的有计划、有步骤地对个体行为进行协调,形成集体的行为。理解组织的含义,我们一定要抓住以下四点:

(1)组织是一个"人为"的系统

"人为"的系统是指这一系统是由人建立的,以人为主体的具有特定功能的整体。由于是人为的系统,系统的功能差异较大,相同要素组成的系统可能因结构的不同而直接影响系统的功能。

(2)组织必须有特定目标

目标是组织存在的前提,不管目标是明确的,还是模糊的,组织都是为这一特定目标而存在的。组织目标反映了组织的性质及其存在的价值。

(3)组织必须有分工与协作

组织的本质在于协作,正是由于人们聚集在一起,协同完成某项活动才产生了组织。企业生产各环节建立在分工基础上的密切合作,是把原材料变成成品的前提。组织功能的产生是人类协作劳动的结果。

（4）组织必须有不同层次的权利与责任制度

权责关系的统一使组织内部形成反映组织自身内部有机联系的不同管理层次。这种联系是在分工协作基础上形成的，是实现合理分工协作的保障，也是实现组织目标的保障。组织规模越大，权责关系的处理越重要。

2. 组织的管理学意义

在管理学中，组织被看作反映一些职位和一些个人之间的关系的网络式结构。从以上定义中我们可以看出，在管理学中，组织的含义可以从静态与动态两个方面来理解。

（1）静态方面

静态方面是指组织结构，即反映人、职位、任务以及它们之间的特定关系的网络。这一网络可以把分工的范围、程度、相互之间的协调配合关系、各自的任务和职责等用部门和层次的方式确定下来，成为组织的框架体系。

（2）动态方面

动态方面是指维持与变革组织结构，以完成组织目标的过程。组织必须根据组织的目标，建立组织结构，并不断地调整组织结构以适应环境的变化。正是从组织的动态方面理解，组织被作为管理的一种基本职能。通过组织机构的建立与变革，将运营活动的各个要素、各个环节，从时间上、空间上科学地组织起来，使每个成员都能接受领导、协调行动，从而产生新的、大于个人和小于集体功能简单加总的整体职能。

（二）组织的构成要素

组织作为一个系统，一般具有以下五个要素：

1. 人员

人既是组织中的管理者,又是组织中的被管理者,建立良好的人际关系是建立组织系统的基本条件和要求。

2. 岗位职务

明确每个人在系统中所处的位置以及相应的职务,便可形成一定的职务结构。

3. 职责与权力

不同职务的人须承担不同的责任和行使不同的权力,以达到指挥、控制和协调的目的。

4. 信息

管理组织内部与外部的联系,主要是信息联系。只有信息沟通,才能保证组织的有效运转。

5. 目标

目标是构成组织不可缺少的要素,任何组织都是为了实现特定的目标,否则就不能称为组织。

(三)组织的作用

1. 组织是帮助人类社会超越自身个体发展能力的重要支撑

组织存在的基础是生产的社会化。随着社会需求的日益复杂化、多样化,单纯依靠个人的力量无法满足这些需求,因此人们组成各类组织,在组织中统筹安排各种资源,以尽可能少的资源消耗取得最大的收益。当然,由于组织是人的集体,其作用大小差异较大。当组织高效有序运转时应维护组织的稳定性,当组织运转效率较低时应及时完善,加强领导与协调,使之更加富有成效地实现组织目标。但无论如何，组织的存在与发展显示了其在人类发展中的重要作用。

2. 组织是实现管理目标的重要保证

组织的作用是由运转过程实现的。要创建一个有效的组织，只是集合一些人、分给他们职务是不够的。应该找到必要的人并把他们放在最能发挥作用的位置上。作为管理的基本职能，组织在组织管理中具有重要作用。

3. 组织是连接组织领导与员工、组织与环境的桥梁

组织是实现有效领导的前提，是领导与员工的信息交流、情感交流。信息交流可使每个员工明确个人的权利与责任。借助于组织内部在合理分工的基础上形成的权责分配关系，使组织成员有一个正式的信息联系渠道，可以了解运营中出现的问题，及时进行信息传递，保证问题的及时有效解决，避免矛盾与误解。

二、组织结构的类型

高校的组织结构是指高等院校内部各种要素的一种特定组合，是高等学校内部各要素的一种有序搭配。从管理学来说，常见的组织结构类型有直线型组织结构、职能型组织结构、直线职能型组织结构、事业部型组织结构和矩阵型组织结构。

（一）直线型组织结构

直线型组织结构是最古老的组织结构形式，也是最简单和最基础的组织形式。"直线"是指在这种组织结构下，职权直接从高层开始向下"流动"（传递、分解），经过若干个管理层次达到组织最底层。

1. 直线型组织结构的特点

第一,组织中每一位主管人员对其直接下属拥有直接职权。

第二,组织中的每一个人只对他的直接上级负责或报告工作。

第三,主管人员在其管辖范围内,拥有绝对的职权或完全职权,即主管人员对所管辖的部门的所有业务活动行使决策权、指挥权和监督权。

2. 直线型组织结构的优势

一个下级只受一个上级领导管理,上下级关系简明清晰,层级制度严格明确,保密程度好,决策与执行工作有较高效率;管理沟通的信息来源与基本流向固定,管理沟通的渠道也简单固定,管理沟通的速度和准确性在客观上有一定保证。

3. 直线型组织结构的缺陷

管理无专业分工,各级管理者必须是全能管理者,各级管理者负担重,但企业较大时,难以有效领导与管理;管理沟通的信息来源与基本流向被管理者牢牢控制,并且管理沟通的速度和质量严重依赖于直线中间的各个点,信息容易被截取或增删,造成管理沟通不顺畅或失误。

4. 直线型组织结构的适用范围

这种组织结构适用于企业规模不大,职工人数不多,生产和管理工作都比较简单的情况或现场作业管理,也适用于中小型项目。

（二）职能型组织结构

职能型组织结构是指各级行政单位除主管负责人外,还相应地设立一些职能机构。如在厂长下面设立职能机构和人员,协助厂长从事职能管理工作。

1. 职能型组织结构的特点

这种结构要求行政主管把相应的管理职责和权力交给相关的职能机构,各职能机构就有权在自己业务范围内向下级行政单位发号施令。因此,下级行政负责人除了接受上级行政主管人员指挥外,还必须接受上级各职能机构的领导。

2. 职能型组织结构的优势

能适应现代化工业企业生产技术比较复杂,管理工作比较精细的特点;能充分发挥职能机构的专业管理作用,减轻直线领导人员的工作负担。

3. 职能型组织结构的缺陷

它妨碍了必要的集中领导和统一指挥,形成了多头领导;不利于建立和健全各级行政负责人和职能科室的责任制;在上级行政领导和职能机构的指导和命令发生矛盾时,下级就无所适从,影响工作的正常进行,容易造成纪律松弛,生产管理秩序混乱。

4. 职能型组织结构的适用范围

由于这种组织结构形式存在明显的缺陷,现代企业一般都不采用职能制。

(三)直线职能型组织结构

直线职能型组织结构是现代工业中常见的一种结构形式,被称为"U 型组织"或"单一职能型结构""单元结构",如图 2-1 所示。

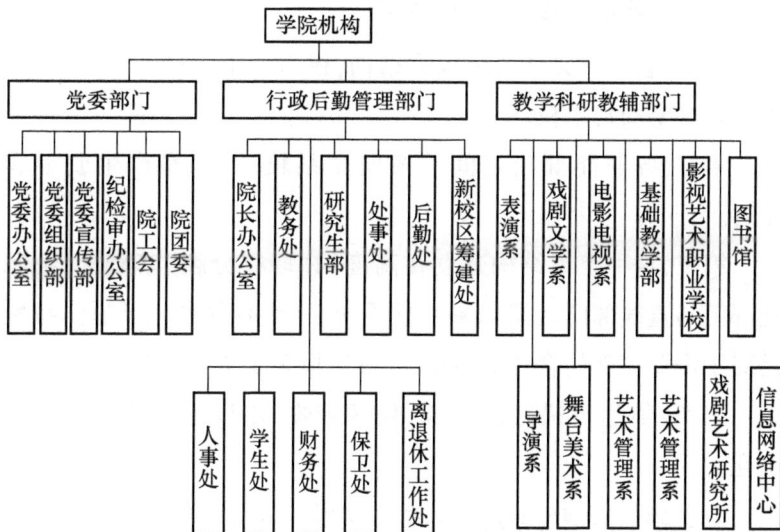

图 2-1　某学院直线职能型组织结构

1. 直线职能型组织结构的特点

以直线为基础,在各级行政主管之下设置相应的职能部门从事专业管理,并作为该级行政主管的参谋,实现主管统一指挥与职能部门参谋指导相结合。这种结构下,下级机构既受上级部门的管理,又受同级职能管理部门的业务指导和监督。各级行政领导人逐级负责,高度集权。这是一种按管理职能划分部门,并由最高经营者直接指挥的体制。

2. 直线职能型组织结构的优势

它既保持了直线型结构集中统一指挥的优点,又吸收了职能型结构分工细密、注重专业化管理的长处,从而有助于提高管理工作的效率。

3. 直线职能型组织结构的缺陷

第一,它属于典型的集权式结构,权力集中于最高管理层,下级缺乏必要的自主权。

第二,各职能部门之间的横向联系较差,容易产生脱节和矛盾。

第三,这种组织结构建立在高度的"职权分裂"基础上,各职能部门与直线部门之间如果目标不统一,则容易产生矛盾。特别是对于需要多部门合作的事项,往往难以确定责任的归属。

第四,信息传递路线较长,反馈较慢,难以适应环境的迅速变化。

4. 直线职能型组织结构的适用范围

直线职能制结构适于产品单一、销量大、决策信息较少的企业,大中型企业组织较普遍采用。

(四)事业部型组织结构

事业部型组织结构亦称 M 型结构或多部门结构,有时也称为产品部式结构或战略经营单位。

1. 事业部型组织结构的特点

事业部型是分级管理、分级核算、自负盈亏的一种形式,即一个组织按地区或按产品类别分成若干个事业部。从产品的设计、原料采购,一直到产品销售,均由事业部及所属工厂负责,实行单独核算、独立经营,公司总部只保留人事决策,预算控制和监督权,并通过利润等指标对事业部进行控制。

2. 事业部型组织结构的优势

第一,总公司领导可以摆脱日常事务,集中精力考虑全局问题。

第二,事业部型实行自主经营、独立核算,更能发挥经营管理的积极性,更有利于组织专业化生产和实现组织的内部协作。

第三,各事业部之间有比较、有竞争,有利于组织的发展。

第四,事业部内部的供、产、销等职能之间容易协调。

第五,事业部经理要从事业部整体来考虑问题,有利于培养和训练全能型管理人才。

3. 事业部型组织结构的缺陷

第一,总部与事业部的职能机构重叠,构成管理人员浪费。

第二,事业部实行独立核算,各事业部只考虑自身的利益,影响事业部之间的协作。

第三,科研资源的分散使用使得深层次研究活动难以开展。

4. 事业部型组织结构的适用范围

事业部型适用于规模庞大、产品品种繁多、技术复杂的大型组织,当总部的无形资产有巨大吸引力、管理能力很强,同时分公司又有独立的市场和独立的利益时适宜选择事业部型。

(五)矩阵型组织结构

矩阵型组织结构是把按职能划分的部门和按产品(项目)划分的小组结合起来组成一个矩阵,员工既同原职能部门保持组织与业务上的联系,又参加项目小组的工作。

1. 矩阵型组织结构的特点

矩阵型组织的特点表现在围绕某项专门任务成立跨职能部门的专门机构。这种组织结构形式是固定的,人员却是变动的。

2. 矩阵型组织结构的优势

第一,将组织的横向与纵向关系相结合,有利于协作生产和适应环境变化的需要。

第二,针对特定的任务进行人员配置有利于发挥个体优势,集众家之长,提高项目完成的质量,提高劳动生产率。

第三,各部门人员的不定期的组合有利于信息交流,增加互相学习机会,提高专业管理水平。

3. 矩阵型组织结构的缺陷

第一,项目负责人的责任大于权力,没有足够的激励手段与惩治手段;员工面临双重的职权关系,容易无所适从和产生混乱感。

第二,由于项目组人员来自各个职能部门,当任务完成以后,仍要回原单位,因而容易产生临时观念,对工作有一定影响。

第三,员工需要有良好的人际关系技能并接受高强度的训练。

第四,耗费时间,需要频繁开会以讨论冲突解决方案。

4. 矩阵型组织结构的适用范围

第一,拥有中等规模和中等数量产品线的组织适宜采用矩阵结构。

第二,当环境的不确定性和部门之间存在高度依存关系时,适宜采用矩阵结构。

三、实践教学管理中组织的主要任务

在我国高职的实践教学管理过程中,组织的职能就是将各种与实践教学活动有关的各种要素、各部门、各环节有机地组合起来,使之形成一个相互协调的有机整体,以使整个实践教学活动有序进行。其主要任务包括以下四个方面:

(一)实践教学组织结构的设计

1. 组织结构设计的基本原则

组织结构设计是指一个政治组织为了实现其长期或者阶段性目标,设计或变革组织的结构体系的工作。设计组织结构应遵循以下基本原则:

(1)有效性原则

组织结构设计要为组织目标的实现服务;力求以较少的人员、较少的层次、较少的时间达到较好的管理效果;组织结构设计的工作过程要有效率。

(2)分工与协作原则

分工与协作是相辅相成的,只有分工没有协作,分工就失去意义,而没有分工就谈不上协作。

(3)权力、责任、利益对等原则

权力、责任和利益三者之间是不可分割的,必须是协调的、平衡的和统一的。在委以责任的同时,必须委以必需的权力,还必须有利益来激励。有责无权,有权无责,或者权责不对等、不匹配等,都会使组织结构不能有效运行,组织目标也难以实现。

(4)分级管理原则

每个职务都要有人负责,每个人都知道他的直接领导是谁,下级是谁。正常情况下,下级只接受一个上级的命令;每一个上级领导不得越权指挥但可以越级检查,下级也不要越级请示但可以越级反映情况和提出建议。

(5)协调原则

一是组织内部关系的协调;二是组织任务分配的协调。

（6）弹性结构原则

具有弹性是指一个组织的部门机构、人员的职责和职位都应适应环境的变化而做相应的变动。它要求部门机构和职位都具有弹性。

2. 实践教学管理组织结构的设计

在实践教学管理中,组织结构的设计就是按照实践教学管理要达到的目标、任务、规模及所处的教学环境确定实践教学管理的组织结构、设置管理职位、划分职权与职责,从而搭建有效的实践教学管理系统框架。对于高职院校来说,在设计实践教学管理组织结构时,要注意以下几个方面:

第一,必须以最大限度满足学生技能实训的需要为出发点。

第二,校内生产性实训基地与实践教学管理部门要做到协调合作。

第三,实践教学的组织结构设计在考虑学生实践教学需要的基础上,要考虑到生产性实训基地具有全部企业或部分企业特点的现实,为其生产的正常运行提供条件,使其在一定程度上能够面向市场,参与市场竞争。

（二）实践教学组织系统的运行

在实践教学管理过程中,必须使各种与实践教学活动有关的各要素:如,实践教学相关管理者、教师、学生、设备等;各部门:如,实践教学管理的职能部门、各系部专业教研室、实训基地等;各环节:如,实践教学人、财、物的准备、实践教学的实施、监督检查等,有机地组合起来,使之形成一个相互协调的有机整体,才能保证实践教学组织的正常运行。

1. 制定实践教学管理的制度规范

制定制度规范的目的在于保证实践教学管理系统中各部门相关人员的工作任务、工作范围、工作权限、工作标准要求明确,便于工作与考核。

这些制度规范,有些是针对部门的,如在主管院长领导下,教务部门负责全校实践教学的组织,管理和协调工作。其主要任务是:审查实践、实习教学方案、大纲;审查和协调全院的实习实训计划和经费预算;配合有关教学单位组织并推动实习实训前的各项准备工作;协助各教学单位开展实践基地建设,收集资料、组织经验交流;实地调查、了解实习工作状态和实践教学管理情况等。有些是针对个人的,如各教学单位负责人负责指导、管理本单位的实践教学工作。其主要任务是:指导编制本教学单位各专业的实习实训方案、教学计划和大纲、经费预算,审定专业负责人指派的指导教师;督促、指导和帮助各专业进行实习实训的各项准备工作;检查各专业实践教学工作质量及效果;总结本教学单位的实习工作经验并组织经验交流。

2. 制定实践教学管理的工作流程

实践教学管理的工作流程是指实现实践教学最终管理目标和工作任务的工作路径。它体现了各类工作任务间的顺序关系。这种顺序关系是由工作任务的特点和逻辑关系决定的。对于实践教学指导教师来说,应根据教学进程、实践教学大纲的要求,填报实践教学计划,经教研室审核批准后,报系部审批。在实践教学开始前,实践教学指导教师应向学生讲解实践教学的目的、要求、任务、时间安排、步骤、安全注意事项和实践教学纪律等内容。

如在实践教学设备、物品采购的工作中,各系部应先根据实际情况,对申请购置设备物品的可行性和实用性、效益性进行充分论证;然后根据论证的结果向教务处提出申请,经教务处审查后交院领导审批;在院领导审批后,由教务处及相关部门共同与经办单位签订合同,后续事宜均按合同执行。

3. 建立信息沟通渠道

建立信息沟通渠道是为了相关管理者及时准确地获取所需的信息,以便适时地对工作进行调整,更好地完成工作任务。在高职院校实践教学管理系统中,信息沟通的主要渠道如下:

(1)正式沟通和非正式沟通渠道

正式沟通渠道包括组织与组织之间的公函来往,组织内部的文件传达、召开会议,上下级之间的定期的情报交换等。另外,团体所组织的参观访问、技术交流、市场调查等也在此列。正式沟通的优点是,沟通效果好,比较严肃,约束力强,易于保密,可以使信息沟通保持权威性。重要的信息和文件的传达、组织的决策等,一般都采取这种方式。其缺点是由于依靠组织系统层层的传递,所以较刻板,沟通速度慢。非正式沟通渠道指的是正式沟通渠道以外的信息交流和传递,它不受组织监督,自由选择沟通渠道。非正式沟通是正式沟通的有机补充。在许多组织中,决策时利用的情报大部分是由非正式信息系统传递的。同正式沟通相比,非正式沟通往往能更灵活迅速地适应事态的变化,省略许多烦琐的程序;并且常常能提供大量的、通过正式沟通渠道难以获得的信息,真实地反映员工的思想、态度和动机。因此,这种动机往往能够对管理决策起重要作用。

非正式沟通的优点是沟通形式不局限,直接明了,速度很快。非正式沟通能够发挥作用的基础,使团体保持良好的人际关系。

其缺点表现在,非正式沟通难以控制,传递的信息不确切,易于失真、曲解,而且它可能导致小集团、小圈子的产生,影响人心稳定和团体的凝聚力。

此外,非正式沟通还有一种可以事先预知的模型。心理学研究表明,非正式沟通的内容和形式往往是能够事先被人知道的。

它具有以下几个特点:①消息越新鲜,人们谈论的就越多。②对人们工作有影响的,最容易招致人们谈论。③最为人们所熟悉的,最多为人们谈论。④在工作中有关系的人,往往容易被牵扯到同一传闻中去。⑤在工作上接触多的人,最可能被牵扯到同一传闻中去。对于非正式沟通这些规律,管理者应该予以充分注意,以杜绝起消极作用的"小道消息",利用非正式沟通为组织目标服务。

现代管理理论提出了一个新概念,成为"高度的非正式沟通"。它指的是利用各种场合,通过各种方式,排除各种干扰,来保持他们之间经常不断的信息交流,从而在一个团体、一个企业中形成一个巨大的,不拘形式的,开放的信息沟通系统。实践证明,高度的非正式沟通可以节省很多时间,避免正式场合的拘束感和谨慎感,使许多长年累月难以解决的问题在轻松的气氛下得到解决,减少了团体内人际关系的摩擦。

(2)向上沟通渠道

向上沟通渠道主要是指团体成员和基层管理人员通过一定的渠道与管理决策层所进行的信息交流。它有两种表达形式:一是层层传递,即依据一定的组织原则和组织程序逐级向上反映。二是越级反映。这指的是减少中间层次,让决策者和团体成员直接对话。在实践教学管理中,主要是指基层管理人员与师生通过一定的渠道与上级管理者及管理决策层如院长所进行的信息交流。

向上沟通的优点是员工可以直接把自己的意见向领导反映,获得一定程度的心理满足;管理者也可以利用这种方式了解企业的经营状况,与下属形成良好的关系,提高管理水平。

向上沟通的缺点是:在沟通过程中,下属因级别不同造成心理距离,形成一些心理障碍;害怕上级打击报复,不愿反映意见。

(3)向下沟通渠道

管理者通过向下沟通的方式传送各种指令及政策给组织的下层,其中的信息一般包括:①有关工作的指示。②工作内容的描述。③员工应该遵循的政策、程序、规章等。④有关员工绩效的反馈。⑤希望员工自主参加的各种活动。在实践教学管理中,主要是指通过各种方式传送各种指令及政策等信息给基层管理人员和广大师生。

向下沟通渠道的优点是:它可以使下级主管部门和团体成员及时了解组织的目标和领导意图,增加员工对所在团体的向心力与归属感。它也可以协调组织内部各个层次的活动,加强组织原则和纪律性,使组织机器正常运转下去。

向下沟通渠道的缺点是:如果这种渠道使用过多,会在下属中造成高高在上、独裁专横的印象,使下属产生心理抵触情绪,影响团体的士气。此外,由于来自最高决策层的信息需要经过层层传递,容易被耽误、搁置,有可能出现事后信息曲解、失真的情况。

就比较而言,向下沟通比较容易,甚至可以利用广播、电视等通信设施;向上沟通则困难一些,它要求基层领导深入实际,及时反映情况,做细致的工作。一般来说,传统的管理方式偏重于向下沟通,管理风格趋于专制;而现代管理方式则是向下沟通与向上沟通并用,强调信息反馈,增加员工参与管理的机会。

（4）水平沟通渠道

水平沟通渠道指的是在组织系统中层次相当的个人及团体之间所进行的信息传递和交流。在企业管理中,水平沟通又可具体地划分为四种类型:①企业决策阶层与工会系统之间的信息沟通。②高层管理人员之间的信息沟通。③企业内各部门之间的信息沟通与中层管理人员之间的信息沟通。④一般员工在工作和思想上的信息沟通。

（三）实践教学组织系统的调整

任何一个组织系统都不是一成不变的。同样,实践教学组织系统也会随着人员构成、高职的专业结构、规模等系统内因素或者因国家政策、院校管理体制等系统外因素变化而变化。为了适应这种变化,就要对实践教学的组织从结构到职责、权限等做出调整。实践教学组织人员也要不间断地对实践教学进行巡视督察,注重收集学生的反馈意见,发现问题,及时调整解决。

四、一般高等院校教学管理的组织结构

一般高等院校的组织结构是大学组织内部结构要素在外部诸要素的作用下组成的具有一定关系的形式。大学组织结构的优劣、合理与否直接影响到大学功能的发挥和大学战略目标的实现。大学的组织结构一般分为管理组织结构和学科组织结构。管理组织结构是指高校党政管理部门及群团组织,管理组织结构为学科组织结构提供服务、咨询、协调,大学组织结构的变动主要包括组织结构调整、增减,职能的转变,及组织结构间的职责、权限、隶属关系的重新划分与界定。学科组织结构指高校按学科设置的学术管理机构。这里主要从发展变化的角度研究高校教学管理的组织

结构。

（一）高校传统教学管理组织结构

我国高校实行的校—系两级管理模式，也就是我国高校的传统教学管理组织结构。它具有以下特征：

1. 以"校—系两级管理"为特征的机构设置模式

教学管理机构一般只包括校、系两级。

2. 以"重心偏上的集中管理"为特征的责权配置模式

作为学校第一责任人的校长，其教学工作的决策权限沿着水平方向和垂直方向两个维度进行分配。水平方向维度的最高决策权力组织是校务委员会，决策支持组织是校教学工作委员会等专门委员会，通过职能部门的作用，统一调动学校各种资源为教学服务，统一管理教学工作进程及信息反馈，实现各项教学管理目标。校级控制着绝大部分的决策权。垂直方向维度的战略执行和战术决策的权力组织主要有教务处和各教学系。教务处代表学校具体履行教学管理职能。系统被赋予的责权多数是教学实施过程中的执行权，在学校统一管理下，系级决策的自由度较小。

3. 以"直线职能型管理"为特征的行政执行模式

这是指以"校—系"直线行政领导关系为基础，与教务处业务指导相结合的行政执行模式。

4. 传统教学管理组织模式改革的动因

传统的教学管理组织模式是在当时高校规模不大、倡导学科分化、引导培养专才、崇尚服从与统一的历史背景下产生的。但随着高职教育进入大众化阶段，传统模式已经不能适应管理的需要：

①不能适应学科专业交叉、融合的需要②不能适应宽口径、复合型人才培养的需要。在二级学科门类平台上建"系"的局限性及"系"与"系"之间的行政管理权的相对独立性,使其在大学科平台上进行人才培养模式改革、教学内容与课程体系改革会遇到制度模式而引发障碍。③不能适应高职教育大众化发展的需要。随着高校办学规模的扩大和学科专业增加,在二级学科门类下建制的"系"的数量也必然会随之增加。在传统教学管理组织模式中,以"系"为一级的权力机构(中层),可在一定的职权范围内独立行使资源使用和调配权力,"系"的增加会导致校内紧缺资源的竞争更加激烈,组织内部的利益壁垒更加强化,既不利于学校人力资源、设备资源的共享,也不利于学科之间的互补与合作。④不能适应管理重心下移的需要。"系"的数量的增加,直接导致学校职能部门的管理幅度有形增加,为协调平衡职能部门管理权限无形增加,带动管理重心不断上移,超出其应承担的职责范围和能承受的能力范围。一方面职能部门责任分担过重,行政管理难免顾此失彼,学术管理难免越俎代庖;另一方面"系"级决策权限不断被剥蚀,挫伤了"系"主动承担管理责任的积极性,难以发挥其在教学科研中的主体作用。

(二)经过变革的教学管理组织结构

进入 21 世纪,为了应对发展的需要,许多高校不断进行教学管理组织结构变革,大致有以下几种模式:

1."校—院—教研室"模式

一些大学把若干个"系"合并组成"院",以此来减少中间的教学部门的数量,促进学科的交叉与融合。"院"持有学校赋予的教学管理行政权,既是管理实体也是教学科研实体,教研室没有教学行政管理职能和人财物的实际权力。这种模式实际是对传统的教学管理组织模式的局部改良,机构设置特点仍是"两级管理制",责权配置特点是"重心部分下移的集中管理",行政执行仍为"直线职能型管理"模式,是"校—系"模式的简单放大。其中"校"级层面的决策更多地下移到"院",而原多个"系"级层面权限也集中上移到"院","院"的管理幅度迅速变大,既要组织完成教学科研任务,也要承担起类似校级职能部门所承担的管理协调职责。

2. "校—院—系"模式

这种模式较之"校—院—教研室"模式,从形式上看似乎只是第三级组织的名称不同而已,其实从教学管理组织模式角度考察,已经发生了较大变化。一是其机构设置模式特征为"校—院—系"三级管理,校、院是管理实体,系是教学科研实体,虽不承担教学行政管理职能,但已经分担了部分学术行政管理职责。"院"级除了教学行政日常管理外,在学术管理方面只负责本"院",如学科规划与建设、专业布局与调整、长期发展规划等重大问题的决策,学科建设、课程建设、师资建设、实验室建设、教材建设等学术管理具体由"系"负责管理。在这个模式中教研室仍是教学科研最基层单位,没有实际的教学及学术行政管理权。二是其责权配置特征为"重心下移的分权管理"。由于"系"的设置适当分散了"院"的管理权限,学术管理权趋向于回归从事于学科专业建设的学者专家主体,不仅能够较好地调动教师的积极性与创造性,更有利于学校愿意把更多的管理权限下移给"院",促进管理重心不断下移的良性循环。三是其行政执行模式特征虽然仍为"直线职能型",但教学管理的重心继续下移,并在"院"分流,教学行政管理权集中在"院"级,学术行政管理分权于"院""系"之间,"院"在教务处业务指导下进行自我管理,教务处不直接指导"系"。

(三)目前高校教学管理的组织结构

虽然经过变革的教学管理组织结构具有不少积极作用,但仍存在一些缺陷。因此,人们又探索出了目前高校使用最多的矩阵型组织结构。如图 2-2 所示。

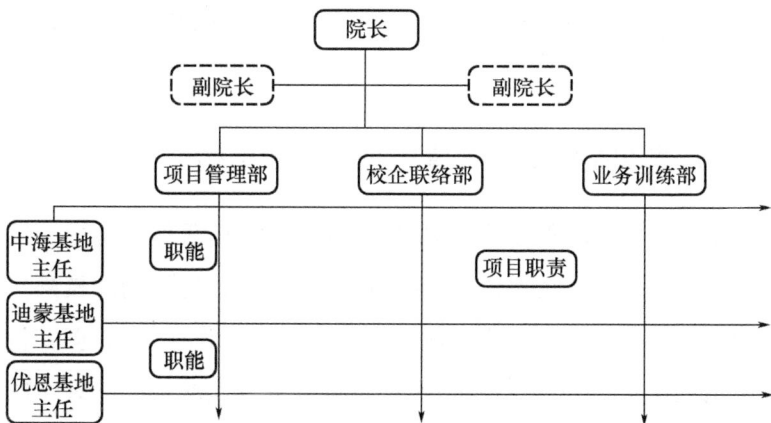

图 2-2 某院校实践教学管理矩阵型组织结构

矩阵型组织结构是在直线职能型组织结构的基础上,又增加了一种横向的管理链。纵横两条管理链如同矩阵的两类向量,交错形成矩形的组织结构。该结构具有灵活、高效、便于资源共享和组织内部沟通等优势,有利于加强各职能部门间的联系和协作,使得组织更加扁平化、柔性化、应变能力更强,非常适合项目攻关。高校矩阵型组织结构是将学院与项目有机结合的一种组织方式,兼顾了学科导向和项目导向。矩阵的纵向为学科导向,即以目前的学院建制为主,保留原有的学科专业、职能部门的指挥线,由院系领导、学科带头人负责,保证本学科的成人发展以及教学工作的正常运行。

矩阵的横向,以项目为导向,以解决实际问题为目的,根据产学研协同创新的要求承接各类课题项目。项目负责人可以打破原有院系的壁垒,将来自不同学科、院系的研究人员组织在一起,形成科研创新团队,充分整合高校的科研资源,实现知识共享。项目组的成员同时接受来自本学院与项目负责人两方面的领导,既要完成所在学院分配的教学、科研工作,又要完成项目负责人安排的研究任务。

五、高职院校实践教学管理的组织结构

高职院校实践教学由校内实践和校外实践两部分构成。因此,其实践教学管理机构可分为校内实践教学管理机构和校外实践教学管理机构。不同的管理机构分管的工作任务不同,但其目的相同,都是保证人才培养工作的顺利开展。实践教学管理组织结构,如图 2-3 所示。

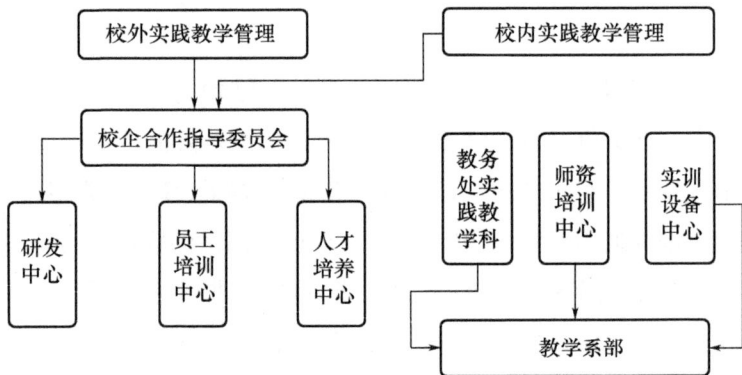

图 2-3 实践教学管理组织结构

校内实践教学管理机构由学院决策层(分管教学的院长等)、教务处、师资培训中心、实训设备中心及教学系部组成。分管教学的院长等决策层负责学院实践教学管理的整体工作的开展,进行宏观控制;教务处实践教学科负责实践教学的计划、组织和实施;师资培训中心负责教师的企业挂职锻炼,帮助"双师型"教师队伍成长;实训设备中心负责实训设备的购置、分配、维修等工作;教学系部是实践教学管理组织的基本单位,负责实践教学。

校外实践教学管理机构由人才培养中心、员工培训中心、产品研发中心构成。企业与学校合作设立校企合作指导委员会,由人才培养中心、员工培训中心、产品研发中心构成。主要负责学生实习的安排、管理及成绩考核,加强学校专职教师与企业兼职教师的培养,促进教师和企业技术人员共同完成技术研发,强化校企合作。

(一)教务处实践教学的主要工作职责

第一,组织教学部门研究制定实践教学管理的各项规章制度,并组织实施。

第二,审核全校的实践教学实施计划。

第三,指导、监督实践教学计划、教学大纲的实施。

第四,加强实践教学改革方向的指导及进行实践教学改革的立项审查。

第五,开展实践教学检查、评估;总结实践教学工作;组织经验交流等。

第六,调配实践教学场所,协调解决全院实践教学中的有关问题。

第七,教学实践基地兼职教师职务聘任管理工作。

第八,为实践教学的顺利开展提供相关服务。

(二)教学系部的主要工作职责

第一,根据专业培养目标分别构建以人才培养目标为核心、素质和能力培养为宗旨的实践教学体系,明确各专业实践教学所应达到的目标,将任务分解到各教学环节。

第二,根据各专业培养目标的要求,组织各专业教研室制订实践教学计划和实践教学大纲。

第三,组织各专业教研室、实验室管理员编写实践教学指导书(作业指导书),制定各专业实训环节的实施细则、实验实训室管理规章制度、实验实训操作规程等。

第四,按照实践教学大纲要求和实际条件做出各实践环节的经费预算,经分管副院长审核后申请专项经费。

第五,监督、指导各实践教学环节的具体实施情况;检查实践教学质量;组织实践教学经验交流等。

第六,根据专业培养方向,完善、建设校内实践教学基地,建立、巩固一批稳定的校外实践教学基地。

第七,根据实践教学需要,建立一批稳定的具有合理的学历、职称及年龄结构的实践教学教师队伍,保障实践教学的正常进行。

六、建立实践教学管理组织结构应坚持的原则

(一)战略目标原则

组织结构的设计和行政机构的设置必须有利于学校工作目标的实现和发展战略的完成。高职院校作为高等职业教育的实施机构,其主要任务是贯彻落实国家的教育方针,培养德智体全面发展

的高技能应用型专门人才。围绕这个总体目标,又可以分解出党政领导、教学管理、学生管理、经费保障、后勤服务等分目标,因而必须设置诸如党校办、教务处、学工处、财务处、后勤管理处(后勤集团)等管理部门,规定他们在学校总的目标实现中应该承担的职能和完成的任务,形成一个有机整体,为学校目标的实现奠定组织基础。需要强调的是,高职院校由于培养目标的规定,使其与其他普通高校比较,更加强调校企合作,以及操作技能和动手能力的强化。为突出高职办学特色,许多高职院校都设立了类似"校企合作办公室"实训教学管理办公室等组织机构。

(二)有效性原则

有效性原则要求高职院校所建立的组织机构必须有良好的效率。行政管理组织的有效性具体表现为各行政机构有明确的职责范围,机构内部人员有明确的岗位职责,设计科学合理的办事流程,能节约人力和时间,有利于发挥教职工的聪明才智和工作积极性,能够以小的支出成本,实现学校的工作目标。有效性的关键是使校内每个部门和每个教职工的工作目标都能和学校的总目标一致。

(三)分工协作原则

高职院校作为一个现代教育机构,其内部管理所涉专业纷繁复杂,工作千头万绪,既相对独立,又相互联系。要实现学校的工作目标,在管理机构设置方面应贯彻分工协作的原则。分工就是按照提高管理专业化程度和提高工作效率的要求,把学校总体的工作目标分解成各个部门乃至各个工作人员的目标工作任务,使学校各个部门和每个教职工都了解在实现学校工作目标中自己所担负的职责和拥有的职权。但是,学校某一项具体工作,特别是一些重大项目的完成,往往需要几名工作人员,甚至几个职能部门合作才能完成,此时就必须强调协作,协作包括部门与部门之间的协作以及各部门内部的协作。

(四)责权一致原则

责权一致是指职责和职权保持一致。职责是指在学校某一部门或职工个人在某一岗位、担任某一职务应该承担的责任。一个学校,只有建立明确的责任分工,形成各负其责的责任体系,才能使全校上下左右得以沟通协调,从而保证学校的正常运转和工作目标的顺利完成。而职权是部门或职工在其职责范围内为完成其责任必须具有的权利,具体表现为决定权、指派权和审查权等。这些权利应该与部门或个人所负的责任相适应,对各个层级的机构或个人明确责任的同时,也要赋予其相应的权力,但是权力必须限制在责任范围内,既不能过大也不能过小,如果职责和职权不对等,就会影响管理部门和管理人员的责任心,降低工作效率。

(五)稳定与调整相结合的原则

由于学校工作发展战略具有连续性,学校具体工作也具有连贯性,为保证学校工作的正常开展及教学工作秩序的稳定,学校行政机构设置不宜频繁调整,要保持一定的稳定性。但随着社会经济发展和市场环境的变化,高职院校的发展战略、工作任务和目标都会相应地发生变化,所以保持学校机构的稳定并不是一成不变的,而是要保持一定的灵活性,随着学校战略和目标的变化而做出相应的调整。

(六)精干高效原则

高职院校作为人才培养机构,教育教学是其中心工作,而行政管理工作应该服从服务于这个中心工作。这就要求学校行政机构应该切实做到精干、高效。精干高效是指在保证完成学校工作目标所规定的工作任务和业务活动的前提下力求减少管理层次,精简工作机构和人员,通过充分调动教职员工的积极性和创造性,提高工作效率和管理水平,来更好地完成工作任务和实现发展目标。

第三章　高职教育管理体制创新

第一节　职业教育管理体制创新的基本理论

一、管理体制的含义

《辞海》将"体制"解释为"国家机关和事业单位在机构设置、领导隶属关系和管理权限划分等方面的体系、制度、方法、形式等的总称。《辞源》则定义为"组织机构和运行程序"。管理体制划分的制度概念的内涵较为丰富，在不同领域，侧重于不同的内容，经济管理体制指"国民经济各部门、各地区的组织管理形式、管理权限划分、管理机构设置、管理方法等"；行政体制是"国家行政机关进行行政管理活动的组织形式和有关管理的制度、办法的总称"；工业管理体制是"国家组织领导工业经济活动的组织形式、管理机构设置、各管理层次责、权、利的划分与结合以及管理的基本制度和方法等方面"。但不管何种领域的管理体制，都包含了机构设置、权限划分、运行机制等要素。所以，管理体制的含义可概括为：为实现一定的管理目标而制定的系统化管理制度，包括组织目标、机构设置、管理权限划分以及运行机制等。

二、高职院校管理体制的含义

要定义高等职业院校管理体制的含义，首先必须弄清楚高等职业教育的含义,必须弄清它与高等教育的关系。20世纪90年代以来,我国高等职业教育进入了一个新的发展时期,但人们对什么是高等职业教育并未取得一致的认识。各类报刊中关于高等职业教育的文章大都将其描述为"服务地方""能力本位""应知应会""按照职业岗位群设置专业""以市场导向选择课程内容"或者"不以学科为导向"等。并且在有的人的观念中,成人教育就是高等职业教育。这些对高等职业教育的认识是不全面的甚至是错误的。高等职业教育与我们平常所说的普通高等教育在逻辑关系上,是都从属于高等教育体系的互为补充的两类教育,二者具有类别之分,不应成为层次之分。我们可将高等职业技术教育界定为:由高等学校和高等教育机构实施的旨在培养高级技术技能人才的高等教育。在界定了高等职业教育后,对高等职业院校管理体制含义的把握就有了一定的方向,可以根据高等教育管理体制的定义来定义高等职业院校管理体制:为实现高等职业院校的办学目标而设置的高等职业院校的组织结构、权限划分及其相互关系和运作方式。它是高等职业技术教育的微观层面,是高等职业院校的内部管理。而宏观层面的高等职业教育管理体制指的是政、行、企、校之间的关系。在理解高职院校管理体制的含义时,必须明确高职院校的办学目标,实则是要明确高等职业教育人才培养与普通高等教育及中等职业教育的区别。培养适应时代需要的、为地方经济发展服务的、能够在国内和国际劳务市场竞争中取胜的应用型、复合型、创新型技术技能人才,这是高等职业教育的根本任务和基本办学目标,也是高等职业教育的生命力所在。

三、高职院校内部管理体制创新的基本理论

高职院校管理体制实质上就是解决高职院校如何有效运转的

一种组织模式,可从理论上概括为四个方面的内容:一是管理体制,推动高职院校各个管理层次、各个环节协调有效运转,以达到预期目标的客观推动力和约束力;二是组织机构,对高职院校各项活动进行组织管理的单位及人员配备,是各项管理职能的具体承担者;三是管理制度,是对管理机制、管理原则、管理方法以及管理机构设置的规范;四是管理方法,是具体的管理手段和措施。高职院校内部管理体制创新是一个系统工程,要对现行管理体制中不适合高职院校发展和不合理部分进行改进、完善和创新。

(一)管理机制的创新

我国教育改革的目标和任务是要改单原先那种与计划经济体制相适应的教育体制,建立与社会主义市场经济体制、政治体制和科技体制相适应的新教育体制。之后的二十多年中,引入市场机制、激励机制、竞争机制,充分激发和调动广大教师的积极性,成为高校与国家宏观教育体制改革相适应的内部管理体制改革任务。深化高职院校内部管理体制改革,就是要将与社会主义市场经济体制相适应的机制引入到高职院校人事管理、招生管理、教学管理、科研管理的方方面面,市场机制和竞争机制的引进,就是要高职院校实行开放式管理,与社会、与市场进行广泛联系,主动适应社会经济发展的需要。高职院校要努力提高自身的竞争实力和应变能力,保证在竞争中求生存和发展在内部建立起优胜劣汰、奖勤罚懒的有效机制和手段。

(二)管理机构的重组

随着高职院校法人地位的确立,政府对高职院校的管理职能逐步转变,由直接行政管理向运用立法、拨款、规划、信息服务、政策指导和必要的行政手段进行宏观管理的转变,由此,高职院校自我运行的独立性越来越得到体现,这就对高职院校的决策和管理提出了更高的要求。

1.科学决策是保证高职院校改革成功和取得良好效益的关键。高职院校要建立起科学的决策机制,需要实施战略管理,一切决策要着眼于全局和长远;需要切实落实目标责任制和岗位责任制,高层、中层、基层奖惩职责分明;需要采取科学的决策程序和方法,避免领导意志和主观臆断。

2.组织架构关系到高职院校能否真正实现转换机制、提高效率、增强活力的目的。高职院校应建立起二级学院为办学主体的校、院、室三级管理体制,强化二级学院的主体功能,将责权利主体位移,有利于去行政化,激发办学主体的活力,也有利于实现学校对师资、教学、科研等工作的统筹规划、全面安排,形成统一的协调整体。

3.精简机构,改变过去那种按党、政、群团分列设置管理机构的办法,转为按管理职能设置管理机构的办法,即按教学、科技、学生、后勤服务、人事组织等系统设置相应的管理机构,对职能相近、业务交叉的管理机构进行合理的撤、并、合和调整,减少管理层次,压缩管理干部队伍,人事政策向教学和科研一线倾斜,保证管理水平、工作效率和办学效益不断提高。

(三)管理制度的创新

建立、完善和创新各项管理制度是深化高职院校内部管理体制改革顺利进行和取得预期效果的根本保证。主要做好基础管理和建立新的规章制度两个方面的工作。基础管理工作包括定编、定岗、考核、统计、信息等工作,它是实行科学化、规范化管理,提高工作效率必不可少的工作,这些工作做不好,改革就成为无源之水、无本之木。建立健全与改革相配套的各项规章制度,就是要对过去执行的规章制度进行清理,废除与目前形势和学校发展不相适应的规章制度,各项制度要相互配套,互相促进,这是深化改革的基础。

(四)管理方法的创新

1. 实行目标管理

高职院校要改变过去计划经济体制下形成的那种层层控制、重过程轻效果的行政管理模式,由行政管理模式转为目标管理模式,实行领导干部任期目标责任制和工作人员岗位目标责任制,层层分解和落实,严格考核,克服过多的束缚基层手脚的过程干预,调动各级各类单位和人员的积极性,增强活力,从而保证总体目标的实现。

2. 实行分类管理

根据党政分开、管理与办学分开的原则,对教学科研、学生管理、后勤服务、党政管理等不同单位和特点采取不同的管理方法,分别建立各自管理模式、不同系列的职能和运行机制,改变过去计划经济体制下形成的单一行政管理方法。对基地、工厂、后勤社会化服务单位采取企业化管理方法,对党政管理部门采取行政化管理方法,对教学、科研单位采取经济与行政相结合的管理方法,从而提高管理的针对性和有效性。

第二节　高职院校的柔性管理体制

一、高职管理选择柔性管理的必要性

柔性管理思想诞生于后工业化新经济崭露头角时期。这一时期,社会环境变化剧烈而迅速,在科技推动下,产品更新换代周期愈来愈短,需求市场要求愈来愈精细,传统的稳定、批量生产方式与组织结构愈来愈不能适应市场的需要,于是,产生了以满足社会需求为核心的柔性生产系统,从而诞生了柔性管理理论。柔性管理理论其实是为了迎合新经济特点需要:①管理是为了更好地满足社会需要,倡导组织主动适应变化、利用变化甚至制造变化来增强在动态环境中的竞争力;②倡导组织人员善于学习和创新;③倡导组织结构柔性化,通过改变组织结构适应外界不同环境的要求,也为组织内部成员提供支持条件和完善的发展空间,提高组织成员的主动性和积极性,降低组织运行成本。与企业组织相比,高职院校本质上就是一个学习型组织,它的管理有两个显著特点:一是管理的中心是以师资团队为核心的人力资源管理;二是管理的对象是以师资团队为主体的高素质群体。这两个特点决定了高职院校适用于柔性管理思想,而非刚性管理。

二、高职院校柔性管理体系设计

(一)树立以满足社会需要为核心的管理思想

柔性管理的本质就是同时对稳定和变化进行管理的能力。马克思主义认为,事物从未停止过运动,也一直在变化,人不可能两次进入同一条河流。因此,变化是绝对的,稳定是相对的,适应变化是永恒的能力。对于高职院校来说,必须首先确定哪些是需要稳定的,哪些是应该变化的。高职院校的办学性质以及所体现的内涵特征是稳定的,高职院校人才培养目标是稳定的,适应社会生产第一线的人才、技术需求是高职院校教学科研活动的天然职责,但是社会需求在不断变化,高职院校人才培养方法和手段也需要不断变化。正是基于满足不断变化的社会需求,高职院校才需要建立柔性管理系统,利用变化促进自身的发展。

(二)建立柔性教学科研体系与人才培养模式

如果说,生产企业为满足市场的变化性需求,必须建立柔性制造系统以生产个性化的产品,那么高职院校的"柔性制造系统"主要构成就是柔性的教学科研体系和柔性的人才培养模式。

1. 柔性的专业设置

柔性的专业设置就是专业设置的稳定性和变化性的相结合。一方面教育周期长、资源专用性强的特点要求专业设置应具有一定的稳定性,以保持人才培养的连续性和学校的专业特色;另一方面,社会需求的变化性要求学校在专业设置方面应具有灵活性。所以,柔性专业设置要求学校必须善于进行市场分析,在复杂的现象中,洞悉事物发展和演变规律,预测未来发展方向,从而自如地应付变化。

2. 柔性的教学模式

柔性的教学模式应能做到以下这些:①教材从内容到形式都要及时更新,保持知识、技术的先进性和形式的新颖性、时代性;②教学内容模块可重组、可系列化;③教学方法丰富性和因材性,就是依据不同的课程内容和不同的教育对象选择不同的教学方法;④教学过程的灵活性,就是依据合作伙伴(包括学生和企业)的需要和特点,灵活控制教学过程和教学程序;⑤学制的弹性,即依据学生对教学内容模块的掌握程度灵活控制教学时长。

3. 柔性的办学层次与类型

社会对高等技术应用人才的需求是多类型、多层次的,高等职业技术教育也应是多类型多层次的,从类型看,既包括学历教育,也包括继续教育、技术培训等非学历教育;从层次看,既包括大专、本科、研究生,也包括初、中、高等级职业资格。高职院校应依据社会需求的不同种类,灵活组合知识与技能模块,举办各种高等职业教育,满足社会对人才的多样性需求。

(三)组织机构的柔性

既然柔性管理是对稳定和变化的管理能力,那么,组织结构的设计应满足这一点要求。所以,柔性管理的组织结构就形成了两个特征:①信息传递渠道必须迅捷畅通以对变化做出迅速反应;②组织结构能及时灵活调整以应对环境变化。传统的金字塔式的组织结构无法满足柔性管理的需要,而根据系统动力学设计的扁平化组织结构才能满足柔性管理的需要。这是因为,扁平化组织机构中间层次少,减少了信息滞留与沉淀,减少了误会与不解,减少了系统割裂,便于沟通、协调和统一,有利于迅速行动,有利于依据环境变化进行业务组合与重组,从而变革组织结构。

(四)岗位责任的柔性与科层制的弱化

组织机构的柔性必然形成岗位责任的柔性。长期以来,我国高校管理体制尤其是公办院校,作为事业性单位,沿袭的是与政府主管机关相对应的体制,强调级别与职务。这种体制难以使高职院校根据教育规律和市场需求自主办学,需要打破这样的体制,而代之以柔性管理的岗位责任制,让每个部门形成一个工作团队,而不是行政机构,每个团队成员只有岗位责任的差异,各负其责,而不是行政级别的差距,逐级负责。团队领袖遵循民主协商的领导方式,用领导魅力而非官威取信于民,信息流能在上下左右之间较为准确地自由流动,团队成员获得宽松的发展空间和优良的支持条件,在民主的气氛下,团队组合应变能力和创造性强,能根据工作的需要,按照功能块灵活调整,及时纠正,从而提高了效率和质量。

(五)人员的柔性

人员的柔性主要包括人员素质的柔性、管理机制的柔性和组织关系的柔性。

1. 人员素质的柔性

人力资源是所有有形资源中最具有柔性的资源,柔性主要表现在人员素质上,柔性人员的最大特点是善于感知新事物,善于学习,具有很强的适应能力,能够很快适应新环境的挑战。柔性人员的另一个特点是创新能力强,创新能力不仅具有天生的创新意识,而且建立在知识和经验的"博"与"精"积累的基础上不断自我培养而成。

2. 管理机制的柔性

就是要树立"人本管理"思想,即强调尊重教职员工的个性和独立人格,突出他的主人翁地位,关心他、爱护他。高职院校要把实现人的崇高信念、人的价值理想作为最大目标,不以强制、监控、惩罚作为基本管理手段,而是以吸引、诱导、协调、激励作为基础机制。把物质手段和精神手段结合起来,并以道德为导向通过协调院校人际关系来优化院校管理方式,形成良好的人际环境。

其次是要建立以知识能力为核心的管理机制,这是学习型组织的本质特征。知识能力包括知识含量、知识取得(学习)能力、知识应用能力、知识创新能力等方面。在以知识能力为核心的管理机制下,各类人员、岗位的考核、评价、奖惩均应以知识能力为核心。设立一个岗位首先要考核该岗位的知识含量,分析该岗位所需的知识能力,以此作为该岗位的评价奖惩标准评价。考核一个员工,也要首先评价其知识能力,以其知识能力的高低作为评价奖惩标准。其基本激励机制就是诱导员工不断加强学习、努力创新,提高自己的知识能力。

3. 组织关系的柔性

传统的组织人事关系具有较强的刚性,人员进出都是一道难以迈过的"坎"。人员流动较为困难。按照柔性管理的要求,人员的组织关系也应是柔性的,应建立较为顺畅的人员流动渠道。高职院校教育科研任务不再需要的人或认为院校不再适合自己发展的人应能正常流出去,高校需要的人能正常流进来。通过人员的流动不断增强校内外信息的交流与碰撞,保持学校的生机与活力。

第三节 新制度经济学与高职院校管理体制创新

一、新制度经济学的基本理论

(一)交易费用理论

交易费用理论是新制度经济学最基本的概念。交易费用思想是科斯在1937年的论文《企业的性质》一文中提出的,科斯认为,交易费用应包括度量、界定和保障产权的费用,发现交易对象和交易价格的费用,讨价还价、订立合同的费用,督促契约条款严格履行的费用等。交易费用的提出对新制度经济学具有重要意义。由于经济学是研究稀缺资源配置的,交易费用理论表明交易活动是稀缺的,市场的不确定性导致交易也是有风险的,因而交易也有代价,因而也就出现了如何配置的问题。资源配置问题就是经济效率问题。所以,一定的制度必须提高经济效率,否则旧的制度将会被新的制度所取代。这样,制度分析才被认为真正纳入了经济分析之中。

(二)企业理论

科斯运用其首创的交易费用分析工具对企业的性质及企业与市场并存于现实经济世界这一事实做出了先驱性的解释,将古典经济学的单一生产制度体系——市场机制拓展为彼此之间存在替代关系的,包括企业与市场的二重生产制度体系。科斯认为市场机制是一种配置资源的手段,企业也是一种配置资源的手段,二者是可以相互代替的。在科斯看来,市场机制的运行是有成本的,交易费用的节省是企业产生、存在及替代市场机制的唯一动力。对企业与市场的边界,科斯则认为由于企业管理也是有费用的,企业规模不可能无限扩大,其限度在于:利用企业方式组织交易的成本等于通过市场交易的成本。

(三)产权理论

新制度经济学家一般都认为:"产权是一个社会所强制实施的选择一种经济物品的使用的权利。"另一种说法认为:"产权是一种通过社会强制而实现的对某种经济物品的多种用途进行选择的权利。"产权经济学大师阿尔钦认为:"产权是一个社会所强制实施的选择一种经济物品的使用的权利。"这揭示了产权的本质是社会关系。只有在相互交往的人类社会中,人们才必须相互尊重产权。

产权是一个复数概念,它是"所有权在市场关系中的体现,本质上,是在市场交易过程中作为一定的权利所必须确立的界区",包括所有权、使用权、收益权、处置权等。当一种交易在市场中发生时,就发生了两种权利的交换。交易中的产权所包含的内容影响物品的交换价值,这是新制度经济学的一个基本观点之一。产权实质上是一套激励与约束机制。影响和激励行为是产权的一个基本功能。新制度经济学认为,产权安排直接影响资源配置效率,一个社会的经济绩效如何,最终取决于产权安排对个人行为所提供的激励。

二、新制度经济学视野下高职院校管理体制创新的策略

(一)重塑制度创新主体

我国高职院校管理体制创新涉及多个利益主体,这些主体态

度及实力的对比会对整个制度变迁过程产生至关重要的影响。自我国高职院校管理体制改革以来,政府始终是制度创新的主要主体,它为高职院校改革提供各种政策和措施,而高职院校作为政策的接受者则是配合国家的改革,充当一个执行者角色。随着改革的深化,特别是高职院校获得一定的办学自主权以后,高职院校管理体制创新变为政府与高职院校双重主体共同推动的制度变迁。但由于体制创新在一定程度上出现宏观主体与微观主体之间的一定分化,政府由于要进一步下放权力等原因而对推动改革的主动性降低,高职院校也由于要进行大规模的经费缩减、人员分流和机构精简等原因而缺乏内在的动力。因此,必须采取一些措施来重新焕发这两个主体的积极性。首先,要转变政府官员和高职院校的思想观念,促进他们思想的解放和理念的更新。要认识到并非所有的科研、教育、文化、体育、卫生活动都不能走市场化道路,并非所有的社会公益事业都必须由政府直接举办。

要改变传统的观念,要树立市场意识、竞争意识和服务意识。其次,要给予改革利益受损群体一个明确的好的预期,使他们能够认识到,改革虽然可能使他们暂时在一些方面受损,但最终将使他们受益,即改革收益大于改革成本。再次,适时给予受损的利益群体以补偿。最后,在对权力或利益资源实行改革再分配时,要注意公平原则,保证绝大多数人能享受改革的成果。

(二)明确政府职能

具体地说,政府对高职院校的管理职能主要应体现在以下这几个方面:第一,规划与立法。政府通过制定宏观的规划以及有关的法案,协调、指导高职院校发展,使之与社会经济发展相平衡、相适应,并确保高等教育事业在社会中应有之地位,保护高校的权益不受其他社会部门的侵害。第二,拨款与筹款。政府要设法保证高职院校办学经费在政府预算中应有的比例。开拓高职院校向社会筹集办学经费的渠道,解决高职院校在财政上的后顾之忧,并通过拨款体现政府对高校的导向。第三,评估与监督。政府应成为高职院校办学方向和办学水平的权威性评估机构,对高职院校的办学方向和办学质量进行制度化的监督和引导。同时政府应组织各种社会力量对高校进行多方面的评估,促进社会评估机制的建立。第四,制定高职院校的设置基准,审批新建高职院校。第五,制定高职院校干部任免标准,作为高职院校自主选聘院长的主要依据,并据此对高职院校领导进行考核。也就是说政府在管理高职院校中充当的角色,就是高等教育事业的规划者与协调者,而不是高职院校的直接行政领导者。

(三)化解创新成本,协调利益关系

如何支付创新成本是高职院校管理体制创新面临的一个关键问题。除了解决由于历史原因形成的债务负担、社会负担和人员问题要支付巨额的转换成本外,高职院校管理体制创新还必须支付具体的实施成本,如果这一系列的创新成本得不到有效化解,体制创新就会因无力支付成本而导致失败。我们主要可以从以下几个方面入手来解决创新成本问题:一是改革成本不能仅由一方面承担,而应建立由政府、高职院校和社会三方面相结合的多元化成本承担机制。特别是政府必须通过财政拨款、差额补贴等形式承担起支付改革成本的责任。二是让高职院校职工参与改革政策的制定与选择过程。改革过程密切联系到高职院校教职工和学生家长的切身利益,让他们参与改革政策的选择,参与利益再分配决策,必将提高社会对改革政策的认同,减轻改革阻力。三是应注意将地方自下而上的改革与高职院校改革的规划结合起来,对高职院校的改革进行总体规划、统一推进和综合协调,将改革的力度与社会的可承受程度有机地结合起来,最大限度地降低创新成本。

第四章　高职院校管理体制机制创新改革实践

第一节　高职院校混合所有制改革对人事制度提出新要求

一、混合所有制办学对高职院校人力资源的要求

混合所有制办学主要是指办学资本的混合,走产权开放的道路。就目前已收集的案例看,现阶段高职院校可探索五种混合所有制办学途径,即:公办职业院校引入社会资本;民办职业院校引入国有资本;公办民办职业院校委托管理;不同资本合作投资新办职业院校;PPP(公私合作伙伴关系)共建职业院校基础设施。无论哪种途径都是突破了公有制和私有制界限的混搭形式,最终以股份的形式融合为法人财产,说到底,混合制就是股份制。股份制以市场经济为基础,以法人制度为核心,各利益主体权责明确,相互协商又相互制约,通过决策权、经营权、监督权三权分立的治理结构形成一种混合的、复杂而又清晰的产权安排,以求共同发展。混合制下,内部管理结构必须按照资本效能放大的最佳状态优化设置,在有限的资源配置下,人力资源配置和管理必将突破单一所有制下人事制度的壁垒,在人力资源选拔、绩效评价和薪酬激励制度方面产生深刻的变化。

（一）管理干部的行政级别将被取消

现行公办高职院校在人事管理上采用"二元管理模式"，即干部由组织部门管，普通教职员工由人事部门管。资本混合后，党委领导下的校长负责制转身为董事会决策下的总经理负责制，上级党政组织部门任命或派出管理层干部的方式将不复存在，学校干部对应的行政级别也将被取消。董事长、总经理、党委书记的角色需要定位，干部人事工作将大范围转为市场化、民主化、科学化和法治化管理。

（二）"干部能上不能下、人员能进不能出"的局面将被打破

公办高职院校的行政依赖性养成其"对上负责"的习惯，加上"党管干部"的组织模式，公办高职院校都是按照党、政两条线设置内部管理机构，机构设置行政化，机构名称和职能一般与上级主管机关拥有的机构呼应对接，机构臃肿冗员，干部只上不下，人员只进不出。混合制后，将通过对不同层级与类别的人力资源需求缺口和冗员状态的盘点，来确定机构与岗位的数据，确定岗位薪酬与岗位价值量对等的工资等级标准，量化考核人力资源贡献率，建立基于公平的差别化薪酬政策，使人员的选拔、任用、考核、退出等机制向更加市场化、精细化的方式转变。

（三）教职员工的身份可以由工薪族转变为持股股东

公办高职院校的教职员工以工薪一族的身份表现出为公家打工的形象，在没有得到提拔和加薪激励的情况下，常常处于消极混世状态，维持常规性的工作。混合所有制高职院校允许知识、技

术、资本作为重要的生产要素入股参与办学并享有相应收益,以此来保障其对学校的正常管理和有效监督。同股同权将使工薪族员工变为持股股东,教职员工利益与学校发展紧密捆绑、休戚相关,这无疑是对现行高职院校人事制度壁垒的有力突破。

当然,资本混合后的制度相容并非易事。企业与事业用人机制的差异、不同历史身份的教师如何享受待遇,尤其是包括养老制度在内的待遇悬殊,将成为混合制高职院校事业制度与企业制度融合的障碍之一,而现行体制下,公办高职院校人力资源管理模式并不利于混合所有制的改革。

二、现行体制下高职院校人力资源管理模式

公办高职院校属于公益性事业单位,治理结构是党委领导下的校长负责制,人事管理制度为国家财政控编,干部按行政级别制度管理。自国家高等教育由精英教育向大众教育转型以来,高校的扩招和扩张致使学校对师资与管理人员的需求大幅上升,而国家财政吃紧,机关事业编制被严格控制,审定的编制远远不能满足实际需求。为谋求发展,这些年高职院校大多以聘用编制外人员来解决人力资源短缺问题,教职工构成多种身份并存,用人体制逐步向多元化社会型转变。

目前,高等学校包括高职院校一般主要有四种类型的职工身份:事业编制内正式职工;事业编制外人事代理职工;事业编制外合同制职工;临时职工。其中编制外的人事代理和合同制职工成为促进学校事业发展的重要人力资源群体,数量和质量都在不断提高。普通高等本科院校编制外职工招录的学历最低要求为硕士研究生,普通高职院校编制外职工招录的学历最低要求为本科,而编制外教职工在规模上要占到整个学校用人的半壁江山。但他们

与在编职工相比,差异也是明显的:地位上,编外人员明显底气不足,编内人员国家养老,编外人员交养老保险,自己养老;待遇上,编外人员分人事代理和企业合同制两种,企业合同制职工工资收入明显低于在编职工和人事代理职工,但岗位职责、职称评定要求等都与在编人员相同,可谓同工不同酬;身份上,编外人员不作为组织部门干部提拔考察的范围,只有转为在编人员才有机会提拔获得行政级别。

教职工身份构成多元化是社会转型期的特殊产物,由此衍生的同工不同酬的工资待遇和政治待遇是社会不公平的体现,长此以往不利于社会文明和进步,不利于高等教育事业的健康发展,在这样的歧视制度下,民营资本和其他社会资本又岂敢带着资本和人才前来合作? 现行体制下高职院校人力资源管理机制必将成为混合所有制改革的主要障碍之一。

三、养老金双轨制并轨彰显社会公平

(一)养老金并轨取消了公办高职院校在编教职工的"贵族"身份

公办高职院校中编制内教职工因其特殊的身份和待遇,如同捧着铁饭碗进了保险箱,行政化的管理机制使他们缺乏市场竞争意识,即使遇到裁员还有数量可观的编制外人员给他们垫底,渐渐养成了慵懒、不思进取、墨守成规、不求创新等习性。从岗位结构看,编制内职工不只是教师队伍,还包括大量为教学配套服务的后勤人员,如在编的清洁工、水电工、厨工等,他们的收入无论退休前后都远高于市场同类人员。

养老金并轨后,公办高职院校中编制内教职工需要缴纳养老保险,先前的工龄视同已缴纳年限,也成为合同制职工。这一变化等同于取消了公办高职院校在编教职工的"贵族"身份,还原到了应有的社会公平。虽然一时半刻还不能完全拉平他们之间的各种差距,但冰山一角已经松动,养老金替代率必将逐步拉近的大趋势已定。北京师范大学中国收入分配研究院执行院长李实教授认为,通过 8—10 年时间,将机关事业单位与企业的养老金替代率水平逐步拉近至只有10%至20%的差距。编制内与编制外的差异逐步取消必将增强教职员工的平等意识,给编制内人员敲响警钟,给编制外的人员激励鼓舞,营造出人尽其才、才尽其用的公平和谐的良好环境。种种矛盾也将逐渐化解,有利于高职院校的健康成长。

(二)养老金并轨改革有利于高职院校人才的流动

双轨制下,机关事业单位稳定、体面、旱涝保收、退休金高等优势使得机关事业单位令社会钦羡,求职者蜂拥而至,出现了每年公务员考试数千人争一岗的"壮观景象"。一些企业员工宁可放弃已缴纳多年的养老保险个人账户,也要竭尽全力挤向事业单位;高职院校中没有编制的合同制教职工,也多半是抱着排队等编制的梦想,甘愿在学校委曲求全。与此同时,机关事业单位职工无养老保险个人账号,如果去企业,就要放弃机关事业单位工龄的积累从零开始缴纳养老保险,这就使得已经在机关事业单位工作多年的工作人员不愿考虑往企业调动。人才配置出现单向流动的局面。养老金并轨后,机关事业单位的优越感大大降低,所有单位职工一律开设个人账户,缴纳养老保险,在此影响下,单向流动将转变为事业与企业之间的双向流动。人才流动通道的顺畅为混合制改革奠定了良好的人力资源环境基础,对促进混合制改革意义重大。

（三）养老金并轨有利于高职院校人才的优化配置

公办高职院校的国有资本混合了社会资本后,资本权益不再单一,代之以产权清晰、权责明确的利益诉求主体。原先政府统筹统管的包办模式被打破,在原有的事业制度中融入适应非公有资本运营和市场环境需要的现代企业制度和相互协商而又相互制约的管理模式,形成能产生强大市场竞争力的新治理结构。在新治理结构下,人才配置需要多元化,既需要学历要求较高的理论教师,也需要具有较强生产实践能力的实训教学人才;既需要具有研发能力的研究人才,也需要具有科学管理能力的管理人才;既需要从事配套保障的服务人才,也需要开拓市场的营销人才。在双轨制下,公办高职院校招聘新人统一以学历为门槛,教师岗必须研究生以上学历,非教师岗必须本科以上学历,在职员工统一以职称体系进行考核并以此作为薪水提升的依据。这种一刀切的做法无疑对人才的各尽其用、优化配置起了逆向作用。在这种导向下,企业生产实践一线的技能人才因学历低入不了"门",而"门"里教师跟着职称评定的指挥棒走,重科研,轻教学,不能真正满足学生对知识学习和技能实践的需求。

养老金并轨后,按照新规,养老金只与缴费基数、缴费年限有关,解除了与职称、岗位工资、薪级工资的关联,为新治理结构扫除了障碍,有利于高职院校人事管理去行政化,有利于人事管理按照市场规律和学校实际需求制定政策,有利于高职院校人才的合理配置。

第二节　"共同体"理论视域下校企联姻共建企业大学新构想

随着科技进步、产业经济的转型,占据我国高等教育半壁江山的高等职业教育的发展遇到了新的挑战。一方面,适龄求学人口红利的衰减、国外教育对富裕阶层的吸引、扩招力量的不断释放、不同层次高等教育之间的排序等,使得处于高等教育底层区域的高职院校在生源大战中首当其冲;另一方面,新能源的不断发现、信息技术的迅速发展、智能脚步的日益加快,使得原先大工业生产遵循的逻辑被打破,高职院校人才培养的目标和机制也将随产业结构的变化而调整。在当前与学术型本科院校"双一流建设"相对应的"高水平高职院校建设"任务全面启动的新形势下,全国高职院校之间的竞争日益激烈,公办与民办、区位优者与弱者之间的市场份额之争,国示范、国骨干之间的品牌效应之争等,都预示着高等职业教育的洗牌格局日趋逼近,竞争将在人才培养、专业建设、师资队伍、社会服务、内部管理、校园文化等方面比出水平高低,其中社会服务水平是高职院校竞争力的关键因素,它直接彰显高职院校的综合素质和价值功能,也决定了高职院校能否与国家重大发展战略同频共振,具备聚焦社会产业发展和有效服务企业的内涵。高职院校提升社会服务能力的关键取决于校企合作的程度,但近年来校企合作中呈现出"学校热、企业冷、合作表面化"的现象是不争的事实,因此,高职院校须借助校企合作提升服务能力与企业因高职院校服务能力弱而淡于合作之间便形成了悖论,悖论致使高职教育与产业之间的供需结构发生错位,要解决这一难题,高职院校当务之急是,应在现有条件下找到能使企业感兴趣的新型合作形式。当我们把目光聚焦于企业热衷创办的企业大学时,发现它是校企供需对接的有效切入点,校企联姻共建企业大学,在共享经济框架下,使产教双方资源要素相互渗透和转化,形成利益共赢局面。

一、校企共建企业大学的可行性探究

企业大学是构成企业人力资源培训体系、满足员工终身学习需要、达成企业绩效目标的新型教育和有效学习型组织实现手段。企业大学诞生与兴起自美国,美国上市公司中,拥有企业大学的上市公司平均市盈率明显高于没有企业大学的公司,全球 500 强企业中近 80%创建了企业大学。我国本土企业开始认识到企业大学的重要性是在 20 世纪 90 年代后期,21 世纪初本土企业大学蓬勃兴起与发展,2008 年后,我国企业大学建设呈现空前高涨的趋势,企业大学被当作企业发展的标配,知名企业纷纷建自己的大学。

(一)企业大学的存在原因与意义

企业大学的诞生是企业面临严峻外部环境时内在生存需要的结果,同时传统大学人才培养的局限则是推动企业大学发展的重要外部刺激因素。真空状态下,学校育人,企业用人,天经地义,无须企业劳民伤财办企业大学,但现实中学校教育无法完成现有知识和技术对社会未来发展需要的满足,这便促使企业自己完善教育培训系统实施适应新技术发展的继续教育和人力资源再培养,以保障企业后续生存与发展的需要。至于传统大学的局限性导致人才培养机制与职业市场人才针对性需求的脱节问题,其实完全可以通过校企之间的亲密关系,让传统大学在充分了解企业需求的基础上改善供给。毋庸置疑,此时企业大学是校企供需最理想的对接交流点。

（二）企业大学与高职院校有相近的职能和使命

企业大学被看作传播企业文化、激发企业创造力、增强企业竞争力的企业可持续发展的战略工具。企业大学与传统大学在人才培养上的区别在于它教学内容的实用性、针对性、知识专业性和实践技能性等特征,这与面向产业办学,为行业企业培养一线技能人才的高等职业院校倡导的培养要求与方法具有较多的相似性,而且企业大学在知识更新、文化传播职业教育、终身发展理念等方面,与高职院校的职能和使命也相近。因此,相较于学术型本科大学,以就业为导向的高职院校与企业大学的办学目的异曲同工,高职院校与企业共建企业大学不会出现意识理念的差异和话语体系的隔阂,选择企业大学作为校企供需对接点,十分自然。

（三）企业大学是高职院校与企业紧密联系的最佳媒介

为了深入了解企业,高职院校曾经做出过各种努力和尝试,如:邀请企业技术专家担任客座教授做专题讲座,派教师下企业锻炼学习,成立行业指导委员会帮助制定专业课程标准,等等。但因这种交往的松散性、临时性、爽约性等特点,实际效果并不理想,往往是走形式应付差事。而校企共建企业大学则意味着企业的理念、技术、文化等必须对高职院校全方位开放,双方在企业大学课程开发、教学研究过程中都没有理由推诿和保守,只会增进彼此的深入和交融。高职院校也因此可以通过企业大学与高职院校两种教育实施的比较,探寻到高职教育人才培养机制跟不上市场节奏的原因,并用企业大学的培养机制反哺高职人才培养,以缩短高职院校培养与企业用人标准间的距离,最终实现企业理想的人力资源蓄水池功能。可见,共建企业大学既不是纸面战略的空泛合作,也不是项目驱动的间歇性具体任务合作,而是具有战略发展意义的共生性合作,通过目标、文化、机制等方面的交融,进而辐射到校企其他诸多领域的深层次合作。

二、企业乐意接受共建的可能性探究

(一)校企合作共建模式应为企业的理性选择

现行企业大学建设主要有四种基本模式:自主发展模式,企业自投经费建设;企业联盟发展模式,同行企业共同出资、联合组建和发展;企校共建发展模式,高校与企业资源互补、利益共赢、共同建设;多方战略合作发展模式,与行业龙头、战略投资人以股份制形式成立教育公司,构建产业层面上的企业大学,进入教育市场。第一种模式须实力强、规模大的集团企业,能对企业大学给予长期且庞大数额的投资,中小企业望尘莫及。第二种模式理论上看可以整合企业资源,形成知识体系,促进行业发展,但实际上各企业发展不平衡,加上同行业间的竞争关系,结果往往做不到齐心合力。第四种模式可以使企业大学形成独立完备的运营体系,并走向社会,在产业领域的教育市场中发挥作用,但是它需要运行多年、形成丰富经验的企业大学作为母体依存,是企业大学的高级阶段模式,不是普通企业能效仿的。因此,与学校共建企业大学是企业最经济实惠的一种选择,尤其在如今政府大力倡导校企合作的背景下,还能受益于政策层面的优惠。而且成功企业大学的建设从来都是寻求传统大学的支持与帮助的。

(二)多数企业的办学困境使其需要专业合作伙伴

目前国内企业界把有无企业大学看成企业实力的名片,很多不具备条件的企业仅给原培训部换块招牌便诞生了企业大学,使企业大学数量急剧上升,这种浮躁与资源匮乏使有些企业大学先天不足,多数企业大学存在理念和战略定位缺失,办学经验缺乏、师资力量弱、运行机构、业务体系不完善等问题,严重制约了企业大学的实质性发展。大多数企业大学培训计划来源于业务部门填报的简单汇总,对学习需求获取和分析缺乏特定的方法和流程,教学质量显得青涩与尴尬。此外,企业大学的命运与企业的经营状况密切相关,当企业收入大幅下滑时,企业对企业大学的配置资金不能到位,企业大学则可能出现命运多舛。术业有专攻,企业以经营为本,办学非所长,企业办学不仅缺财力,还缺精力和经验。如果企业大学与办学经验丰富的高等教育机构建立合作关系,则至少可以从师资与课程开发两方面获得收益,从而腾出精力专注于企业大学对企业绩效的转化问题,实现企业大学对企业的战略意义。

(三)企业能从高职院校获得丰厚的办学资源

随着国民经济总体水平的提高,我国教育经费投入已经达到GDP总值的4%。高职院校各种固化教学设施和资源,如教学场地、实验实训设备、图书馆资源、后勤保障资源等利用率大幅降低,而这些资源恰恰可以为企业办学所用,避免重复投资。公办高职院校多年来注重双师型师资素质培养,具有硕、博士高学历证书和多种职业资格证书的师资库可以使企业按照需要制定教师聘用标准,为设计开发企业大学针对性课程所用,同时这股师资力量还能与企业技术革新和研发产生互动。此外,高职院校的继续教育资源可为企业大学独立承担基础技能训练和素质培养、职业资格考证、成人学历提升、党员干部教育等培训任务,使企业大学成为集技术学校、成教中心、干部学院、实习工厂、科研所于一身的企业综合性机构。

三、基于"共同体"理论的企业大学共建模式探究

所谓"共同体",指人们基于主观和客观的共同特征,在共同环境条件下形成的相对稳定的组织形式。斐迪南·滕尼斯在《Community and Society》中认为:共同体是一种紧密关系,表达共同的精神意识和价值观念所产生的团体归属和认同。任何共同体,本质上都是利益共同体,参与者秉持共赢原则,共享机遇,共迎挑战,共寻利益最大公约数。现行校企合作更多体现的是互助,这或许是合作目标不能一致的根本。为了防止松散式挂牌、有名无实的形式主义共建,高职院校与企业共建企业大学的路径须借助"资本"纽带,采用实质性注资方式,股份制建制,走市场化运作、企业化管理的道路,形成"校企共同体",使其身上流淌合作主体的血液,把产业资源和教育资源有机整合,使人才培养达到供需有效对接的目的。企业大学则是最易于实现校企共建并使高职教育供给与产业需求衔接的最佳切入点,它可使校企双方在混合所有制、技术合作、师资混编、文化融合等方面深入开展协同合作。

(一)混合资本,注册实体

共建的企业大学可以进行工商注册,成立股东大会,建立董事会,执行校长负责制,实施项目管理制,构建混合所有制企业治理结构,独立运营,自负盈亏。企业大学实体根据需要灵活定居或迁

移,或驻校或进企,通过网络平台将校企信息数据一体整合,利用学校和企业(尤其是公办学校与民营企业)的不同体制背景优势进行建设和发展。

(二)混编师资,开发课程

混编是将不同编制身份、不同薪酬体系的人混合交叉使用。企业大学师资源自学校的教师队伍与企业的管理层和技术层。学校师资学历高,理论性强,擅长教学方法和手段的使用;企业师资资历深,实践性强,擅长经验传授和实际应用。双方师资融合,优势互补,共同开发课程,并开启师资使用互换模式,从而提高师资利用效率,提升师资水平。

(三)共享资源

开拓市场充分利用校企双方的各种资源,企业的行业资源、技术资源、资质资源、管理资源、人力资源、市场资源以及企业上下游供应链的往来资源,学校的教学设施资源、师资资源、教育政策资源、政府支持资源、学生生源等等,双方毫无保留,共享资源,不局限于企业自身的员工继续教育需要,而将企业大学的服务拓展到企业之外的广阔天地,寻求更多的市场资源,获得更大的经济效益和社会效益。

(四)共担责任,拓展业务

合作共建的企业大学业务范围:开展企业内部培训,包括入职员工岗前培训或转型转岗培训,生产一线的技能培训,管理层的领导力培训,党员干部的党性培训和党建工作培训;开展企业外部培训,包括供应商、经销商以及外包服务商的相互协作能力训练;开展在校学生职业素养训练和企业文化熏陶;负责订单生的实践课程和毕业实习;开展在职员工的学历提升;开展学校和企业的横向课题研究,促成学校和企业科研成果转化;举办行业论坛或研讨会;面向社会拓展特色项目、品牌项目培训等。

四、共建企业大学的实施策略探究

共建的需求虽为双方,但目前形势下,高职院校应认清合作主体的主、被动关系,克服等、靠、要的不良习性,主动出击寻找合作伙伴。

(一)一校多企共建策略

高职院校尤其是公办国家示范、骨干高职院校,各二级学院多年的学科建设已形成了自己的学科体系和师资结构,为了充分利用这些优势,高职院校可使用继续教育学院的管理职能将各种资源整合,根据行业背景和行业分布,围绕学校自身特色,制定合作企业的遴选标准,实施与多家企业共建策略,将学校的教育资源利用实现最大化,同时在与多家企业的共建中博采众长,从而反向促进高职院校学科建设和师资队伍建设,

(二)合作企业定位策略

1.类别化

不少高职院校已历经几十年的成长,形成了自己的行业背景和专业特色,因此在选择合作企业时应着眼于以下几个方面:一是物以类聚,不要脱离自己熟悉的行业以及与本行业相关的行业,二是结合自己的特色专业对应其所应用领域的相关企业;三是要根

据全球新技术形势或国家政策倡导的未来产业方向对接相应企业开创新专业。

2. 区域化

高职院校立足于地方,具有为地方经济和区域经济服务的义务和责任,合作共建企业原则上应选择区域内的地方经济产业链条结构中的相关企业,用以推动区域经济的发展,同时也有效提升高职院校服务地方经济的能力,加上出于办学距离成本因素的考虑,定位于本地或附近地区的企业开展合作共建更有利于办实办好企业大学。

3. 平民化

鉴于明星企业的企业大学已成气候,加上高职院校人才蓄水池功能对明星企业吸引力的微弱性,故高职院校应将大多数共建的目标定位于尚处于成长期,不足以有能力独立建设企业大学的企业,一方面这些企业的发展潜力大,很可能是一匹黑马,可以使高职院校期待与它共生;另一方面,因企业对学校的依赖性大,可使学校对企业产生强大渗透力。

(三)排行标杆对标策略

明星企业和行业龙头企业一般都能位列企业大学排行榜前列,校企共建的企业大学应想方设法与这些企业大学标杆结交,积极主动地与他们开展交流与合作,学习他们先进的经验,分享他们的办学成果,精心设计具有行业前景的精品课程,参与行业品牌竞争,力争进入排行榜。

(四)文化冲突避免策略

高职院校与企业两种不同性质的组织合作共建,文化冲突难以避免,加之高职教育一校多企共建,需要纳入各种企业元素,增加了学校文化冲突管理的难度。为了加强文化融合,应以积极的心态,树立兼容并包思想,有所取舍,为我所用,以"校企共同体"的利益为目标,形成有助于凝聚人心,增强校企协同性的创新组织文化。在这样的文化渗透下,高职院校的发展将改变现有轨道,朝着人类社会进步和顺应人类发展的方向稳步前进。

第五章　高职教育复合型高技能人才培养模式创新

第一节　高职教育人才的培养目标

一、高职教育人才培养目标的内涵

(一)职业知识素质层面

职业知识素质主要包括个体的职业基础、职业资格、职业适应和职业发展等,职业知识素质是职业教育培养目标构成的核心层次,其核心部分为职业资格,因为这是由国家强制力作为后盾的一种职业标准,体现的是国家的意志。职业资格由"应知""应会"两部分组成:"应知"是指从事某种职业必须掌握的专业知识;"应会"则是在"应知"基础上必须掌握的操作技能。通过教学,学生通过了相应等级的资格考试,即可获得相应的资格等级证书,但是,这种职业资格标准往往有一定的局限:第一,标准的制定和更新有时间周期,这就容易滞后于新技术、新工艺的出现与发展;第二,作为标准,既原则又抽象,高度概括而不能涵盖某一职业必备素质的各个方面;第三,标准的执行受制于考核的指导思想、程序方法及具体内容,其信度、效度与标准执行应有的信度、效度存在一定的差距,因此,如果职业教育紧紧围绕职业资格来进行,显然就演变成为一种新的"应试教育",培养的是"一技之长"的工匠,所以,职业资格教育应有自己的平台和发展空间。前者就是"职业基础",就是获取职业资格应当具备的专业基础理论,而后者就是"职业适应"和"职业发展",就是一定的职业资格对一定的职业活动的适应能力和一定岗位职业活动的自我提高能力与不同职业岗位之间的转换能力。

(二)职业能力素质层面

职业能力素质主要包括个体的认知能力、操作技能、技术分析和学习潜力,职业能力素质既是个体职业发展的平台,又是职业素质的综合表现,其中,操作技能是这个层次的核心,所谓的操作技能是指将认知所得成熟的工艺技术转变为实际职业活动并获得预期工作结果的能力。操作技能分动作技能和心智技能两种,以肢体活动技术为主的技能主要是动作技能,例如厨师、钳工、计算机录入员等所需的操作技能;以推理判断技术为主的技能是心智技能,如营销员、维修工、会计员等所需的操作技能,所以,操作技能实际上是与职业资格密切相关的特殊能力。认知能力是一般能力,一般认知能力是学习与发展的基础,认知能力强,不但操作技能较易习得,而且操作技能中蕴含的技术成分也会较多,职业活动中就会呈现较高的技术分析水平,从而使个体继续学习的潜力增大,职业发展的空间也随之被拓展。

需要强调指出的是,受教育者个体还必须结合相关专业所面向的职业岗位(群)对从业者体能方面的实际要求来有选择地进行锻炼,因为有很多专业确实需要教育者具有较强的体能素质。

(三)职业心理素质层面

职业心理素质是指个体顺利完成其所从事的特定职业所必须具备的心理品质,具体维度为:

1.职业动机

职业动机主要是指个体从事职业的内在动力与兴趣,人在从事具体职业活动的时候都有一定的职业需要,人们往往选择适合自己需要和感兴趣的职业,以实现职业岗位与自己职业需求的匹配,但由于受社会就业供求情况等因素的制约,职业需要有时也会与职业实践产生一定的冲突,进而影响到人的职业心理,因此,职业教育首先应培养学生对专业的兴趣与热爱,并使之内化为从事该职业的动力,职业动机是职业活动和职业成就的超前反映,是职业观和职业理想的直接反映,要引导学生把职业活动既看成维持生活的手段又当成完善个性的措施,更视为服务社会的途径。

2.职业效能感

职业效能感主要是指个体对自己能否适应某种职业的自我评价,包括学习专业理论与实践进程中的感受、经验,以及对以后学习过程中可能遇到困难的估计和迎接挑战的信心,要使学生对所从事的职业抱有积极的态度和正确的价值观,认识到自己将来所从事职业的社会意义,正确对待可能遇到的困难、挫折,就得在平时的学习中培养其耐挫折的能力,做到能较好地克服心理障碍及各种可能的干扰,锐意进取,勇于开拓。

3.职业价值观

职业价值观是个体价值观在职业选择上的体现,它是个人希望从事某种职业的态度倾向,也是个人对某种职业的愿望。任何人在进行职业选择时,都会对自己将要从事职业的价值进行判断,对可能取得的成就和社会回报的满意程度进行估计,在职业心理素质教育与培养过程中要注意引导学生对将要从事的职业有恰当的评价,要正确看待职业的社会地位、职业的待遇以及职业的苦与乐。

4.职业道德感

职业道德感主要是指个体对职业道德标准的认识和体验,包括职业的荣誉感、幸福感、义务感和责任感等,其中,职业道德义务感和责任感是一个人职业道德倾向性的核心,职业学校的每个专业都是与具体的职业、工种相对应的,其职业道德规范不尽相同但其实质都是调节职业生活中人与人之间的关系、判断是非与善恶的准绳,是社会公德在行业生活中的具体化,因此,职业教育的人才培养过程中应根据各行业、岗位的实际特点,进行有关行业相应的职业道德规范教育,使学生在将来的职业生活中能自觉规范自己的行为,实现职业发展。

二、高职教育人才培养目标的方向

我国有五种类型的教育:学前教育、基础教育(中、小学教育)、职业教育(包括中职、高职教育)、高等教育(包括普高和高职教育)以及成人教育(包括成人中等教育和成人高等教育)。五种类型的教育有各自的培养目标,而不是五种不同的层次,每一种类型的教育中有不同的层次,如普通高等教育类,分专科、本科、硕士、博士等不同层次,分学历教育与非学历教育不同层次。

高等职业教育类型也有不同层次,有专科、本科、研究生等不同层次,也有学历教育与非学历教育不同层次,普通高等学校又可分为四种类型:研究型大学、教学研究型大学、教学型大学、高职院校,是类别不同,而不是层次的区别。有人把高职教育当作高等教育中的低层次教育是错误的,高职教育与普通高等教育是类型的区别,培养目标的区别,而不是层次高低的区别,如研究型大学主要培养理论基础扎实、研究能力较强的学术型人才;教学型大学主要培养理论基础较强、知识面较宽的应用型人才;高职院校主要培养有一定理论知识,适应生产、工作第一线需要的职业技能型人才,职业技能型人才是社会最广泛、最需要的人才。

职业技能型人才,主要包括工程型人才、技术型人才和技能型人才。三类人才的区别主要表现在:

在职务内涵上,他们承担不同的工作任务,工程型人才主要搞设计、规划、决策以及新技术的研究与开发;而技术型人才主要从事技术应用和现场实施。美国普渡大学 WK 雷保德教授对工程型人才和技术型人才的区别界定为:工程师是产品、生产过程或工程系统的开发者或设计者,应用数学和基本理论来解决工程技术问题是他们的典型工作。而技术师是一个典型的工程实践者,他们关心工程原理如何应用于实践,如何组织生产人员从事生产准备工作和现场操作,专注于维护和改良生产设备、生产过程、加工方法和加工程序。英国工程技术人员分为三种:特许工程师、技术工程师和工程技术人员。与此分类相似的还有法国,法国将工程技术人员分为工程师、高级技术员和技术员三种。在人才的层次上,专业技术型应用人才分为高级、中级和初级。

在专业类型上,按产业划分为从事物质生产性(第一产业和第二产业,如:制造业、建筑业、加工业等)、非物质生产性(包括生产性和非生产性服务业,主要以服务业为主创造价值)以及知识生产性的人才(包括专利、研发、软件开发以及基础理论研究等)。

第二节 高职教育人才培养教学模式创新

一、高职教育常用的教学模式

在教育自身改革发展和现代信息技术的迅猛发展的内外因素双重推动下,新型教学模式深入课堂,传统的以教师为中心的传授型的教学模式已经被学生为主体、教师为主导的互动式教学模式取代,课内课外、校内校外、线下线上多种手段的教学辅助措施加速着教学模式革命。列数贯彻到高等职业教育中的教学模式,不亚于视觉冲击的数量。

(一)互动式教学模式

互动式的教学模式就是课堂教学中以学生为主体代替传统的教师为权威主体地位,营造师生互动、生动活泼的课堂氛围,旨在从真正意义上实现教学相长的教学模式。互动式教学模式让教师向学生传输知识的单向交流向师生互动的双向交流的转变,让课堂由教师讲授、学生听课的静态交流方式向师生相互沟通的动态交流方式转变,在这一过程中,学生变得更加积极主动地参与到课堂教学中去,让学生从被动的吸纳知识向实践中积极创新方向转变。这样的模式培养了学生的学习兴趣,拓宽了学生的学习视野,让学生的个性和特长都能得到发展,这对于学生的综合素质教育有着很大的促进作用。

(二)自主式教学模式

自主式教学模式就是调动学生参与课堂教学的积极性,让学生为教师进行教学目标和任务的制定提出意见,让学生参与到教学评价中去,通过培养学生主动学习和发展的意识促进学生进行理论学习和实践活动。在这种模式指导下,教师对学生的有效指导和学生相互的有效交流,使学生自主创新学习,培养创新意识、创新精神和创新能力。

(三)工学交替的教学模式

工学交替模式将书本理论教学和社会实践教学相结合,将整个学习过程分离为学习和企业工作交替进行的过程。工学交替的模式在教学组织上采取分段式教学,第一学年安排为理论模块的课程,而第二、第三学年则实行工学交替制,学生在经过一年的基础理论学习之后同时进入学习专业模块的学习和企业工作实习。工学交替制分岗位角色来进行管理,学生在校学习理论知识的时候按学生管理,学校统一安排相应的文化课测试,考核学生的学习成绩;学生在进入企业实习的时候则由企业按员工管理,企业按照学生在实习期限内的业绩分发相应的工资。工学交替制的模式是在专业学习模块时进行的,有利于让学生的专业知识和实际的生产实践活动相结合,有利于培养学生的综合能力,也有利于学生毕业之后尽快地适应工作。

(四)产学研一体化的教学模式

“产学研一体化的教学模式”坚持以学校、企业紧密结合为前提,以科研部门参与为基础,促进教育、科研、产业互动式发展,构建理论教学、实践教学和素质教育的三大体系,提高人才培养的质量。

二、主体参与型教学模式的构建

教学模式无论如何创新,前提是要充分调动学生主体参与的积极性,在教与学的过程中,教师与学生是双主体关系,教师主体的作用在于引导和调动学生主体的学习兴趣和学习动能。

(一)主体参与型教学方法

主体参与型教学是指在教学过程中,教师通过各种方式激发学生的学习主观能动性,使学生能主动地、积极地投入到教学活动中,自主地构建知识,并培养学生自主学习能力的一种教学方法。其内在精神是培养学生的独立性、选择性、调控性、创造性和自我意识性,使学生在适当的教育引导下,成为具有主动性、创造性和建设性的独立自主的个体。参与意味着介入、投入、浸入在学习的状态之中,一旦达到这样的状态,无疑意味着学习者慢慢地对所学知识产生兴趣,兴趣是最好的老师,我们的教学也会越来越轻松愉快。

(二)主体参与型教学方法的具体运用

1. 提出相关问题

在课前,教师宏观把握课程内容,将课程关键点以相关问题的形式提出,让学生自己看书,探索问题答案,梳理知识结构。高职院校上课有个特点,学生往往踩着铃声进教室,为了按时进入教室,学生跑得气喘吁吁,人虽然坐到了座位上,心却半天静不下来。如果我们选择此时授课,效果可想而知。一方面,学生的注意力不够集中,老师讲的关键内容没有被学生充分吸收。另一方面,据调查,高职高专学生仅有不到 5% 的人员有课前预习的习惯,相当一部分学生还没有自学能力,这也是他们高考不理想的关键因素之一。所以大部分学生只能亦步亦趋地跟着老师走,没有自己的见解。对此,如果教师在课程的前面留出 5 到 10 分钟的时间,让学生自己看书找出教师提出的问题,一方面,通过找问题答案学生可以快速地进入学习状态,另一方面,学生可以从总体上把握教师即将讲授的内容,有时,在看书的过程中,学生还会发现新的问题,亟待教师上课解决,这样更会期待新课程的讲授。这种方法比教师一开始就满堂灌效果好多了。

2. 引入多媒体教学,让学生身临其境

信息技术和课程整合改变了学习者的学习方式,具有视听结合、直观、形象、生动、感染性强等特点,有较强的表现力。例如:当教师讲到成本计算方法的分步法时,为了更为形象地表现综合结转分步法的特点,教师可以在网上搜索一些相关视频,比如"馒头流水线",给学生播放和面、揉面、压皮、馒头成型、蒸熟冷却、馒头蒸制完成。面粉一步一步地变成馒头的过程中,更为直观地再现了综合结转分步法的特点:将各生产步骤所耗用的上一步骤的半成品成本,以其合计数综合计入下一步骤的产品成本计算单中的"半成品"或"原材料"成本项目中。学生在看视频的过程中,仿佛自己参与了产品的制作,看完视频以后,再讲解综合结转分步法就不难了。

3. 运用问题驱动法

只要教师适时引导,学生的学习热情就能被激发出来。例如:在讲会计教学时,当教师讲到成本的分类时,讲解"固定成本"与"变动成本"的区别,仅有概念还是空洞的,如果让学生发挥想象力,举出身边的例子那就会变得有趣多了。提起"变动成本",学生想到了计件工资,提起固定成本,学生举出管理人员工资、回家时的包车费等例子。再问起半变动成本,学生马上给出了打出租车的例子,有一个起步价,超过某一公里,价格会随公里数上升。半固定成本,学生又想到了辅导员管理学生,辅导员工资一定,增加的学生一旦超过辅导员的管理能力范围就要增加新的辅导员,于是费用上升。枯燥的教学,由于联系了学生的生活,反而变得有趣了,学生会更乐于参与其中。

4. 不断鼓励学生的创造性

培养学生的创造性思维和创造性能力,培养学生的主体参与意识,就要培养学生的创造性思维,创造是使学生爱上该门学科的动力。比如讲解生产费用在完工产品和在产品之间分配方法的第四种方法"约当产量法"时,一个关键的问题就是要学生学会确定"投料率"和"完工程度",而"投料率"的确定又需要学生明确投料的方法。如何区分呢? 有学生就想到了联系生活的例子,让抽象的问题形象化。例如:原材料一次性投入的,学生提到了蒸馒头时,一次性投入加工全部馒头所需要的面粉。那么我们毫无疑问地想到投料率是100%,每个馒头享用了同等的面粉。说起原材料陆续投入,投入量与加工进度一致。学生马上想到织毛衣,随着针织,毛线球陆陆续续地进入了毛衣里。那么我们很容易确定投料率就是加工进度,一件加工到50%程度的毛衣只可能用一件毛衣50%的毛线。凡此种种,学生的创造性思维让主体参与型教学方法发挥得淋漓尽致。

高职教师应积极进行教学方法的创新研究,必须改变传统的以"讲授式"课堂教学为主的教学方法,根据课程教学模块和授课对象的特点,借助各种现代化教学手段,和各种实训方式,灵活选择教学方法,不断提高学生的学习兴趣。

三、自主互动式教学模式的构建

21世纪,各个院校开始实施素质教育,着重培养能够全面发展的高素质、创新型人才。这是因为21世纪发展面临世界经济一体化和知识经济的双重冲击,社会发展在面临资源和市场竞争的同时还面临人才的竞争。高校课程教育是实现高素质教育,完善人才竞争的重要阵地,而实现高素质教育需要改变原有的教学模式,构建一种能够充分发挥学生学习自主性和积极性的新型教育教学模式——自主互动教育模式。自主互动教育模式主要是运用现代教育技术,在建构主义理论的支持下形成的一种自主、互动、创新为主要的新型主体化教学发展模式,从而培养学生的自主合作探究能力及人际交往能力。

(一)自主互动教学模式构建的理论基础

现代教育技术是指应用现代教育理论和现代信息技术,通过教育过程实现对教育资源的开发,从而实现对教学理论的优化和实践。现代教育技术支持下自主互动教学模式构建的主要理论基础是建构主义,建构主义在本质上是认知学习理论新发展的一种重要体现,主要内容包含两个方面:

1.学习含义内容

建构主义观点认为学习是指拥有知识的学习者,在一定情境下,借助他人的帮助,包括和他人的沟通、协作、交流等,通过这些意义的建构来获得某种新的知识。学习理想的环境支持包括情境、协作、交流和意义交流几个方面。因此,在建构主义理解下,学习主要是指学习者获得知识的多少和自身所获得的学习经验及建构知识的意义有关,而和学习者自身记忆能力以及教师的单方面传授无关。

2. 学习的方法

建筑主义认为,学习者的学习是以学习者自身为中心对知识的理解和吸收,学生本身是知识意义的主动建构者,而不是一种外部刺激下对知识的被动接受者。

(二)自主互动教学模式构建主要遵循的原则

1. 以学生为主原则

自主互动教学发展的关键目标是一切教育发展要能够为学生服务。学生是信息的加工和接受主体,也是知识意义的主动建构者。为此,在高职教学中需要注重以学生为中心,教师要对学生的学习进行组织引导。

2. 多方互动原则

学生的学习是一个注重互动的过程,基于每名学生自身认知能力、认知结构以及工作经验不同,通过学习中的合作交流能够补充学生学习中的不足,在交流的同时获得更多的知识。

3. 充分发挥现代教育技术自身优势的原则

现代教育技术的优势具体表现在以下几个方面:第一,教育信息的呈现更加多样化。第二,教学信息的组织形式超脱了文本的形式。第三,教学过程具有交互性的特点。第四,能够存储大量的教学信息。第五,教学信息能够进行网络化传输。第六,教学信息的智能化处理。

(三)自主互动教学模式与传统教学模式之间的比较

第一,教学目标上。传统教学模式强调对知识技能和基本知识的掌握和熟记;自主互动教学模式强调对知识的应用和创新。第二,教学内容上。传统教学模式以教材为基本中心;自主互动教学模式以学生的发展为基本中心。第三,教学资源上。传统教学模式材料主要来自课本和手册;自主互动教学模式的教学资源来源范围较为广泛,包括书本、生活和社交网络等。第四,信息技术的应用上。传统教学模式对信息技术的应用主要在知识的传播方法和手段方面。自主互动教学模式对信息技术的应用则是更多体现在情境的创设、协作学习的形成和对话交流工具使用上。

(四)构建课堂互动自主教学模式的策略

1. 教学实验的设计

(1)实验对象的确定

经过实地调查研究分析,选择实验学校,在当地教育局和校组织领导的响应下,选择具有职业经验、责任心强、工作热情高、具备一定科研能力的高职院校教师作为实验教师,并将其所教授的班级作为实验班。

(2)实验方法的选择

实验研究在常态下进行等组对比试验,选择的学生学习水平相近,由同一个教师教授,将这些学生平均分成实验班和对比班。其中,对比班应用的原有的教学方式,实验班应用的是自主教学模式。在实验的过程中为了保证实验结果的科学,综合应用文献法、调查法、访谈法等,最后应用定性和定量分析结合的方法,对实验现象进行总结分析,根据结果论证实验可行性。

(3)实验的假设在实验中应用现代教育技术进行课堂教学,充分发挥出现代教育技术理论的作用,结合高职院校自身资源和环境优势,保证在实验教学中保持良好的互动状态,提升学生学习的积极性和主动性,促进学生的全面发展。

2.教学实验的实施

(1)实验的前期准备工作

实验的前期准备工作主要是了解被调查班级的现状和所在高职院校的教学发展需求,在此基础上制定出详尽的教学方案。实验前期准备工作包含以下几方面的内容:第一,通过问卷调查和实地调查的方式了解各个高职院校师资力量、资源环境条件和所拥有的学生情况。第二,通过访谈法对高职院校的校长、教职人员进行访谈。第三,在高职院校成立实验小组。

(2)教师的培训

第一,理论专题讲座的开展。开展专题讲座能够帮助教师尽快地了解现代教育理论的知识技能。比如可以聘请现代教育技术专家开展现代教育技术实验专题讲座,让教师彼此通过交流共同探讨一种适合高职院校的现代教育应用形式。第二,组织实践活动,教师之间可以交流现代教育技术应用经验。在实验教学的开展中,可以应用微格教学的方法,在课堂上进行教学录像,之后,学校的领导和教职人员可以通过观看录像及时发现现阶段现代教育技术在高职院校应用存在的问题,从而及时寻找出解决问题的方法。第三,实现现代教育系统的自学。高职院校可以为教师提供一些必要的理论书籍和杂志报刊,教师可以利用业余时间来进行现代教育技术理论知识的自学。

（3）教学实验的实施路径

教师实验实施需要通过实验指导方案分三步来完成工作。第一，转变自身的教育观念。实验教师需要将现代教育理论的知识理念作为自己教学基本理念。第二，应用现代教育技术进行教学。现代教育技术在高职院校教学的应用主要是在说课的基础上，帮助教学进行教学设计，采用课堂听课记录观察、课后评价指导、教师交流感受三步来完成。第三，应用现代教育技术开展课堂互动教学。

教学实验实施存在以下几方面的问题：第一，现代教育技术媒体应用和实际教学内容不对接。很多教师习惯传统的黑板授课方式，对电子媒体授课存在一些不适应，由此使得整个教学过程较为混乱。导致这种问题存在的原因是教师平时对多媒体的应用不够以及教师对现代教育技术理论把握不充分。

第二，媒体操作不熟练，对于故障难以及时处理。在现代教育技术应用实验的初期，很多教师因为对电脑了解不够，在具体的实验教学中难以获得良好的教学效果，在出现机器卡机故障之后，教师很难做出及时的处理。

第三，媒体应用取舍不当导致无法获得预想的教学效果。多媒体组合应用目的是为学生的学习提供更为直观的信息，充分发挥出学生学习的积极性。但是在实验教学中，教师应用多媒体呈现同一种教学内容的时候对同一种媒体的应用出现了差异，由此给学生带来了视觉差的感受，影响了教学效果。

第四，应用媒体进行教学互动的形式单一。教师应用多媒体进行互动教学设计、组织讨论过程中显得过于生硬、呆板，没有打造一种学习积极愉悦的课堂活动氛围。一些教师为了克服自己满堂灌的教学习惯,应用满堂问的形式来对学生进行教学,以为提问就是在启发学生的学习,这种方式的实际探讨性不高,无法调动学生学习的积极性,最终导致的课堂教学效果不理想。另外,在课堂教学的过程中,教师组织学生进行互相提问、互相评价的机会较少,没有进一步挖掘和调动学生学习的积极性和主动性。

第五,很多教师不能有效调控课堂的互动局面。课堂互动教学处于试验阶段,很多教师无法对课堂互动局面进行充分的调动,对课堂教学互动的形式、时间和内容等不能进行适当的把握。课堂教学设计出现情况时无法进行灵活处理,无法实现课堂教学的理想效果。

3. 教学实验实施的完善策略

(1)自主互动教学中需要把握的原则。第一,主体性原则。主体性原则要求在高职教学中要本着以学生为本的教育方式,通过创设条件激发学生学习的积极性和主动性,让学生能够充分参与到教学活动中。第二是开放性原则。课堂互动教学是一种开放性的教学过程。为此,在课堂互动教学中需要融入一些直接经验和灵活性的成分。

(2)充分发挥现代教育技术的优势。第一,要应用现代教育技术扩大自主互动学习模式范围,让每个学生都能成为学习的主人。教师要利用现代教育技术为学生的学习创设一种多元化的情境。在现代教育技术的应用下师生形成一种深层次的认知和良好的情感互动。第二,提升师生教与学的互动。在课前,教师应用现代教育技术支持下的思维导图以量化的形式向学生展示教学内容,组织学生进行学习。第三,师生之间互动学习程度加深。在现代教育技术支持下,教师能够更好地把握教学内容的范围和主题,拓展知识信息量,更好地启发学生进行学习。第四,实现师生互动方式的多样化发展。传统教学中,师生互动一般局限在问答、浅层次的讨论,而现代教育技术支持下的自主互动教学能够为学生的学习创设一种更为积极的环境和学习氛围。

(3)以提升学生综合能力素质为目标,实现教育的创新。传统的教育注重应试教育的分数,教师的一切工作都是为了获得更高的分数。现代教育技术的应用更好地践行了素质教育观念,明确了培养创新素质人才的理念。在现代教育技术支持下,教师教给学生的是一种会学的能力和方法而不是机械化地学习。

(4)找准师生教与学的互动点,优化师生之间学习互动方式。应用现代教育技术进行教学时,教师要在明确教育内容和教学目标的同时确定教学互动点,采用合适的教学方法优化教学互动组合形式,在尊重学生学习个体差异的同时让学生在学习互动中了解学习的意义。现代教育技术应用可以完善传统师生情景问答互动,应用启发式教育问答形式培养学生学习的创新意识。另外,现代教育技术还能为情景协商式教学提供可能,根据学生不同的学习兴趣,在收集整理资料的基础上对学生学习的难点问题进行点拨。

教育在培养民族创新精神和创造性人才方面具有重要的作用,而学校是开展教育的重要场所,能够为学生自身能力的开发提供一种宽松的环境支持。伴随现代教育技术的快速发展,在建构主义学习理论的指导下,教育发展实现了由被动学习向主动学习的转变,为培养学生自主学习能力和创新精神提供了重要的机会。通过教育发展理论和经验总结,应用现代教育技术构建的课堂互动教学模式能够充分发挥现代教育技术的理论、资源和环境的优势,为此需要有关高职院校教育人员予以足够的重视。

第六章　高职教育长效运行机制建设

第一节　高职教育校企"双师"双向
交流与服务机制

一、建立校企"双师"互聘机制

(一)明确互聘标准和程序

1. 明确互聘标准,确保师资质量

建立校企"双师"互聘机制的首要任务是明确互聘标准。这些标准应涵盖双师的教学水平、实践经验、职业素养等方面的要求,以确保聘任的师资具备高质量的教育教学能力。教学水平方面,应注重教师的专业知识掌握情况和教学方法是否先进、有效;实践经验方面,应关注教师是否具备与所教专业相关的企业实践经验,能否为学生提供真实、有用的实践指导;职业素养方面,则要求教师应具备良好的职业道德和教育责任感,能够为学生树立正面的职业榜样。明确互聘标准不仅有助于提升校企合作的层次和质量,还能确保学生在校期间接受到更加全面、实用的教育。引入企业中的优秀人才参与学校教学,可以让学生更加直观地了解行业现状和发展趋势,增强学习的针对性和实用性。同时,学校教师

也可以通过参与企业实践和技术研发等活动,不断提升自身的专业素养和实践能力,为培养高素质技术技能人才提供有力保障。

2. 规范聘任程序,保障公平公正

在明确互聘标准的基础上,还应进一步规范聘任程序。这包括申报、审核、公示、聘任等环节的设置和实施。申报环节应要求申报人提供真实、完整的个人资料和证明材料;审核环节则应由学校和企业共同组成的评审委员会对申报人的资格进行严格审查;公示环节旨在确保聘任工作的公开透明,接受社会监督;最后的聘任环节则应在确保程序合法、合规的前提下进行。规范聘任程序对于保障校企"双师"互聘机制的公平公正至关重要。公开透明的聘任过程,可以确保每一位申报人都有平等的机会展示自己的能力和优势。同时,严格的审核和公示制度也能有效防止暗箱操作和不正之风,维护聘任工作的严肃性和权威性。

3. 开展广泛师资互聘活动,实现资源共享

在明确互聘标准和规范聘任程序的基础上,学校和企业可以开展广泛的师资互聘活动。这种互聘方式有助于实现校企之间的人力资源共享和优化配置。学校可以聘请企业中的技术骨干、管理精英等作为兼职教师参与专业教学和实践指导;企业也可以聘请学校教师作为技术顾问、培训师等参与技术研发、员工培训等活动。这种双向流动的师资互聘模式不仅可以提升校企双方的师资水平和实践能力,还能促进校企之间的深度合作和交流互动。开展广泛的师资互聘活动,可以实现学校和企业之间的优势互补和资源共享。企业中的优秀人才可以为学校带来最新的行业资讯和实践经验,促进学校教育教学改革和创新发展;而学校教师则可以通过参与企业实践和技术研发等活动提升自身专业素养和实践能力,为企业提供更多有针对性的技术支持和人才培训服务。这种互利共赢的合作模式有助于推动职业教育与产业发展的深度融合和协同发展。

(二)建立双师教学团队

1. 校企深度融合,实现资源共享

建立校企"双师"互聘机制的核心在于实现校企之间的深度融合与资源共享。学校和企业作为两个不同的社会主体,各自拥有独特的资源和优势。通过互聘机制,学校可以引入企业中的优秀人才和先进设备,为学生提供更加真实、实用的实践环境;企业则可以借助学校的教学资源和科研力量提升自身的技术水平和创新能力。这种深度融合不仅有助于提升校企双方的竞争力,更能为社会培养出更多符合需求的高素质技术技能人才。在双师教学团队的建设过程中,学校和企业应共同制订合作计划,明确双方的责任和义务。通过定期的交流与研讨,共同制定教学大纲和实践方案,确保教学内容与社会需求紧密相连。同时,还应建立资源共享平台,实现教学资源的互通有无,提高资源利用效率。

2. 理论知识与实践技能的完美结合

双师教学团队的建立旨在将理论知识与实践技能完美结合,共同承担起教学任务和实践指导工作。学校教师擅长传授理论知识和教学方法,而企业人员则具备丰富的实践经验和行业知识。通过双方的携手合作,学生在学习理论知识的同时,还可以接触到最新的行业资讯和实践技能,提高学习的针对性和实用性。在实际教学中,双师教学团队可以采用多种教学方法和手段,如案例分析、项目驱动、现场教学等,激发学生的学习兴趣和积极性。通过

理论与实践的有机结合,培养学生的创新思维和解决问题的能力,为其未来的职业发展奠定坚实基础。

3. 严格选拔与培养优秀团队成员

在双师教学团队的建设过程中,选拔和培养优秀的团队成员至关重要。学校和企业应共同制定严格的选拔标准,挑选出既具有丰富实践经验又具备良好教学能力的双师人选。这些人选不仅应具备扎实的专业知识和实践技能,还应具备良好的教学能力和团队合作精神。为确保双师教学团队的高质量发展,学校和企业还应为团队成员提供充足的教学资源和持续的专业发展支持。这包括定期的培训与研讨、教学资源的更新与共享、科研项目的合作与开发等。通过不断地学习与实践,团队成员可以不断提升自身的专业素养和实践能力,为团队的发展贡献力量。同时,学校和企业还应建立激励机制,对表现优秀的团队成员给予表彰和奖励,激发其工作热情和创新精神。

(三) 完善激励和评价机制

为了保障校企"双师"互聘机制的长效运行,需要完善相关的激励和评价机制。学校和企业应共同制定双师的评价标准和方法,对双师的教学水平、实践经验、职业素养等方面进行全面客观的评价。评价结果应作为双师聘任、晋升和奖惩的重要依据,以激发双师的工作积极性和创造力。同时,还应建立完善的激励机制,为双师提供优厚的待遇和发展空间。学校和企业可以通过设立专项奖励、提供进修机会、晋升职称等方式,对表现优秀的教师给予表彰和奖励。这种激励机制有助于激发双师的工作热情和创新精神,推动校企"双师"互聘机制的深入发展。此外,还应加强校企之间的沟通与协作,共同解决双师互聘过程中出现的问题和困难。学校和企业可以定期召开座谈会、研讨会等活动,就双师互聘工作进行深入的交流与探讨。加强沟通与协作可以增进校企之间的了解与信任,推动校企"双师"互聘机制的持续健康发展。

二、构建校企"双师"共同发展平台

(一)搭建多元化的校企合作平台

在高职教育的改革与创新中,构建校企"双师"共同发展平台已成为提升教育质量、培养高素质技术技能人才的重要途径。而要实现这一目标,首要任务就是搭建多元化的校企合作平台。这些平台不仅局限于传统的实体性合作,如共建实训基地、研发中心等,更包括虚拟性的合作形式,如在线课程平台、远程教育平台等。这种多元化的合作方式为学校和企业提供了更为广阔的合作空间,使得双方可以更加灵活地开展各种形式的教学研究、技术研发和社会服务等活动。

在搭建这些校企合作平台时,我们必须高度重视平台的开放性和共享性。这意味着平台不仅要向学校和企业双方开放,更要积极吸引社会各界的优质资源加入。打破传统壁垒,实现资源的共享和互通,我们可以有效避免资源的重复建设和浪费,从而提高资源利用效率,促进校企合作的深入发展。同时,我们还应密切关注行业发展趋势和人才培养需求的变化。随着科技的飞速发展和产业结构的不断升级,各行各业对人才的需求也在不断变化。因此,我们必须时刻保持敏锐的市场触觉,不断更新和完善平台功能,确保其能够与时俱进,满足社会和企业的实际需求。此外,为了保障校企合作平台的长期稳定运行,还应建立健全的管理机制和运营模式。明确双方的责任和义务,制订详细的合作计划和实施方案,可以确保合作项目的顺利实施和成果共享。同时,还应加强沟通与协作,及时解决合作过程中出现的问题和矛盾,推动校企合作不断向更高层次、更广领域迈进。

(二)深化产教融合,推动校企协同育人

构建校企"双师"共同发展平台的核心任务,无疑是深化产教融合,推动校企之间的紧密协同,共同肩负起育人的重任。这一目标的实现,需要学校和企业两大主体摒弃传统的隔阂,转为深度融合与合作。在人才培养方案的制定上,校企双方应坐下来深入研讨,结合企业的实际需求和市场的未来趋势,共同为学子量身打造既符合教育规律又紧贴产业脉搏的培养计划。课程体系的开发同样如此,企业的参与能够将最新的技术动态、行业标准以及市场前沿信息融入课程内容,确保学生所学即为所用。在实施教学活动时,校企协同育人模式更是展现出其独特的优势。除了传统的课堂教学,企业可以为学校提供真实的职业环境作为实训基地。在这里,学生可以亲身体验到工作的每一个环节,从而更加深刻地理解所学知识在实际中的应用。同时,企业导师和学校教师的双师指导能够让学生在技能和素养上得到全面提升。

(三)建立长效的校企合作机制

为了保障校企"双师"共同发展平台的长期稳定运行,需要建立长效的校企合作机制。这包括制订详细的合作计划、明确双方的责任和义务、建立稳定的经费保障机制等。这些机制可以确保校企合作的持续性和稳定性,为"双师"队伍的建设与发展提供有力保障。在制订合作计划时,应注重计划的针对性和可操作性。

计划应明确合作目标、任务分工、实施步骤等要素,确保合作项目的顺利实施和成果共享。同时,还应建立灵活多样的沟通协商机制,如定期召开校企合作会议、设立校企合作联络员等,及时解决合作过程中出现的问题和矛盾。此外,还应加强对校企合作项目的监督和管理。学校和企业应共同制定项目管理办法和评价标准,对合作项目的实施过程、成果质量等方面进行全面客观的评价。评价结果应作为后续合作的重要依据,以推动校企合作的不断深化和发展。

三、完善校企"双师"服务保障机制

(一)制定全面的政策支持体系

1. 构建全面的政策支持框架

为完善校企"双师"服务保障机制,政府、学校和企业应共同构建全面的政策支持框架。这一框架应明确"双师"队伍建设的目标、任务、措施和保障条件,涵盖财政支持、税收优惠、职称评定、待遇提升等多个方面。制定这些政策可以激励更多的教师和企业人员积极参与校企合作,共同推动高职教育的发展。在财政支持方面,政府可以设立专项资金,用于支持校企合作的开展和"双师"队伍的建设。这些资金可以用于购买教学设备、改善教学条件、支付企业兼职教师的薪酬等。同时,还可以对学校和企业进行税收优惠,降低其参与校企合作的成本,提高其积极性。在职称评定和待遇提升方面,学校和企业应共同制定相关政策,确保"双师"人员在职称评定、薪酬待遇等方面得到公平对待。对于表现优秀的"双师"人员,还应给予相应的奖励和晋升机会,以激发其工作热情和创新精神。

2. 注重政策的针对性和可操作性

在制定政策支持体系时,应注重政策的针对性和可操作性。政策应明确具体的支持对象、支持方式和支持标准,确保各项政策能够真正落到实处。同时,还应根据校企合作的发展情况和实际需求,及时对政策进行修订和完善。为增强政策的针对性,政府、学校和企业应对校企合作的现状进行深入调研,了解"双师"队伍建设的实际需求和困难。在此基础上,制定符合实际情况的政策措施,确保政策能够真正解决问题、发挥作用。为提高政策的可操作性,政策制定者还应充分考虑政策的实施细节和操作流程。对于涉及资金支持、税收优惠等方面的政策,应明确具体的申请条件、审批程序和实施办法;对于职称评定、待遇提升等方面的政策,则应制定详细的评定标准和晋升流程。

3. 加强对政策执行情况的监督和评估

为确保政策支持体系的有效实施,政府、学校和企业还应共同建立监督机制,对各项政策的执行情况进行定期检查和评估。通过监督和评估,及时发现政策执行过程中存在的问题和困难,并采取相应措施加以解决。同时,对于执行不力的政策,应及时进行调整和改进。政策制定者应根据实际情况对政策进行修订和完善,以确保其发挥应有的作用。此外,还应加强对政策执行情况的宣传和推广,让更多的教师和企业人员了解政策、享受政策,从而推动校企合作的深入开展。

(二)建立高效的管理与服务机制

完善校企"双师"服务保障机制还需要建立高效的管理与服

务机构。这些机构应负责校企合作的日常管理工作,包括项目申报、审核、实施、验收等各个环节。同时,还应为校企合作提供必要的服务支持,如技术咨询、市场调研、成果转化等。在建立管理与服务机构时,应注重机构的设置和职能划分。机构应设置合理、职能明确,确保各项工作能够有序开展。同时,还应加强机构的人员配备和培训,提高管理人员的专业素质和服务能力。此外,还应建立健全的工作制度和流程,确保各项工作的规范化和高效化。管理与服务机构还应积极发挥桥梁和纽带作用,加强学校与企业之间的沟通与联系。定期召开座谈会、研讨会等活动来增进双方的了解与信任,推动校企合作的深入发展。同时,还应积极宣传和推广校企合作的成果和经验,扩大其社会影响力和示范效应。

(三)提供充足的经费和资源保障

完善校企"双师"服务保障机制还需要提供充足的经费和资源保障。政府、学校和企业应共同投入资金和资源,支持"双师"队伍的建设与发展。这些经费和资源应用于师资队伍建设、教学条件改善、科研项目支持等方面。在提供经费和资源保障时,应注重经费和资源的合理分配和使用。应根据校企合作的实际需求和项目特点,制订详细的经费预算和使用计划,确保各项经费和资源能够得到有效利用。同时,还应建立严格的经费管理和监督机制,确保经费使用的规范性和透明性。此外,还应积极拓宽经费来源渠道。除了政府投入和学校自筹外,还可以通过企业捐赠、社会筹资等方式筹集资金。同时,还可以探索建立校企合作基金等长效机制,为校企合作的持续发展提供稳定的经费支持。完善校企"双师"服务保障机制是推动高职教育校企合作深入发展的重要举措。制定全面的政策支持体系、建立高效的管理与服务机构、提供充足的经费和资源保障等措施可以为"双师"队伍的建设与发展创造良好条件,推动校企合作的不断深化和发展。这种机制的完善有助于提升高职教育的整体水平和人才培养质量,为社会经济的持续发展提供有力的人才支撑。

第二节 高职教育校企合作就业与激励机制

一、建立校企合作的就业导向机制

(一)深入了解市场需求,优化专业设置与课程体系

为了确保所培养的人才符合市场需求,学校应深入了解行业发展趋势和企业用人需求。通过市场调研、企业走访等方式收集第一手资料,分析行业发展趋势、技术更新迭代情况以及企业对人才的具体要求。根据这些信息,学校可以及时调整专业设置和课程体系,确保所开设的专业与市场需求紧密对接,课程内容与实际工作需求保持同步。同时,学校还应积极与企业合作,共同开发课程体系和教材。邀请企业专家参与课程设计和教材编写工作,将行业最新技术、工艺流程、管理标准等引入课堂,使学生所学知识与实际工作需求无缝对接。此外,学校还可以根据企业需求定制课程,开设企业所需的特色课程或模块,满足企业对人才的个性化需求。

(二)加强实践教学,提升学生职业素养和实践能力

实践教学是提升学生职业素养和实践能力的重要环节。学校应加强与企业的沟通与合作,建立稳定的校企合作基地和就业实习基地。通过实习实训、顶岗实习等方式,学生在真实的工作环境

中学习和实践,深入了解了企业的生产流程、管理规范、文化氛围等,从而培养其职业素养和实践能力。在实践教学过程中,学校应注重与企业的协同育人作用。企业导师和学校教师应共同承担实践教学任务,为学生提供必要的实践指导和职业规划建议。同时,学校还应建立完善的实践教学评价体系,对学生的实践成果进行科学评估,及时反馈给企业和学生本人,帮助其了解自身在实践中的优势和不足,以便进行有针对性的改进和提升。

(三)完善就业服务体系,提供全方位的就业指导和服务

为了确保学生能够顺利就业并适应市场需求,学校应建立完善的就业服务体系。这一体系应包括职业规划、求职技巧、招聘信息等方面的指导和服务。通过开设职业规划课程、举办求职技巧讲座等方式,帮助学生树立正确的就业观念,提高其求职能力和竞争力。同时,学校还应加强与企业的联系与合作,及时收集并发布各类招聘信息,为学生提供更多的就业机会和选择。此外,学校还应建立毕业生跟踪反馈机制。通过定期调查、走访等方式了解毕业生的就业情况、工作表现以及企业对毕业生的评价等信息。根据这些信息反馈及时调整人才培养方案和教学内容以满足市场需求的变化和企业对人才的最新要求。同时将这些信息反馈给学生本人,帮助其了解自身在就业市场中的竞争力和发展空间,以便其进行更好的职业规划和自我提升。

二、构建校企合作的激励机制

(一)政策激励:为校企合作提供有力保障

政府在构建校企合作激励机制中发挥着重要作用。首先,政

府可以出台相关政策,对参与校企合作的企业和学校给予一定的政策扶持和资金支持。例如,对参与校企合作的企业给予税收优惠、贷款支持、项目优先等政策措施,降低企业参与成本,提高其参与校企合作的积极性和主动性。同时,政府还可以设立校企合作专项资金,用于支持校企合作项目的开展和实施,鼓励学校和企业进行深度合作。此外,政府还应加强对校企合作的监管和评估。建立完善的监管机制,对校企合作项目的实施情况进行定期检查和评估,确保项目的质量和效果。同时,对在校企合作中表现突出的学校和企业给予表彰和奖励,树立典型,推动更多学校和企业参与校企合作。

(二)利益共享:实现学校与企业的互利共赢

利益共享是构建校企合作激励机制的核心内容。学校和企业作为两个不同的主体,在校企合作中有着不同的利益诉求。因此,建立合理的利益共享机制是实现双方深度合作的关键。学校和企业应共同制订校企合作项目的目标和计划,明确双方的责任和权益。在项目实施过程中,双方应本着平等互利的原则,共同投入资源、分享成果和风险。通过合作项目的开展,学校可以获得企业的技术支持、实践经验和市场资源,提升教学质量和学生就业竞争力;企业则可以获得学校的人才资源、科研成果和品牌影响力,推动技术创新和产业升级。学校和企业还应积极探索多元化的合作模式。除了传统的实习实训、订单式培养等合作模式外,双方还可以尝试共建实验室、研发中心等创新平台,共同开展科技研发和技术创新活动。通过深度合作,实现资源共享和优势互补,推动双方利益的最大化。

(三)情感纽带:增强校企合作的稳定性和持续性

1. 情感联系与信任基础的重要性

在长期的校企合作中,双方通过共同的努力和不断的磨合,会逐渐形成一种特殊的情感联系。这种联系不仅仅是基于利益的考量,更多的是基于对彼此理念、文化和价值观的认同。同时,随着合作的深入,双方之间的信任基础也会逐渐稳固。这种信任是建立在对彼此能力和诚信的充分认可之上的,它能够为校企合作提供坚实的支撑,确保合作在面临困难和挑战时能够保持稳定和持续。情感联系和信任基础对于增强校企合作的稳定性和持续性具有重要意义。在充满竞争和变化的市场环境中,学校和企业都需要找到可靠的合作伙伴来共同应对各种挑战。而情感联系和信任基础正是确保这种可靠性的关键因素。它们能够促使双方在面对困难时更加团结一致,共同克服困难;在取得成功时更加珍惜彼此的贡献,共同分享成功的喜悦。

2. 加强人员交流与互动的必要性

为了进一步加强学校和企业之间的情感联系和信任基础,加强人员之间的交流与互动显得尤为重要。定期举办座谈会、研讨会等活动,可以增进双方人员的了解和友谊。这些活动为双方提供了一个交流思想、分享经验的平台,有助于打破彼此之间的隔阂和误解,促进双方人员的深度交流和合作。同时,互派访问学者、共建教师企业实践基地等方式也是促进人员交流和互动的有效途径。这些方式能够使双方人员更加深入地了解彼此的工作环境和文化氛围,从而增强彼此之间的认同感和归属感。人员交流和互动不仅能够提升双方人员的专业素养和实践能力,更重要的是它能够增强彼此之间的信任和认同感。在交流和互动的过程中,双方人员可以共同解决问题、共同承担责任、共同分享成果,从而形成一种紧密的合作关系。这种合作关系不仅能够推动校企合作的深入发展,还能够为双方带来更多的机遇和利益。

3. 共同营造良好的合作氛围和文化环境

除了加强人员交流与互动外,学校和企业还应共同营造良好的合作氛围和文化环境。在合作过程中,双方应本着相互尊重、平等互利的原则进行沟通和协商。这种原则能够确保双方在合作中保持平等地位,充分尊重彼此的权益和利益。同时,在处理问题和矛盾时,应以大局为重、以合作为先。这种态度能够促使双方在面对困难和挑战时更加冷静和理智,以合作的精神共同解决问题。在取得成果和荣誉时,应共同分享、相互激励。这种分享和激励能够使双方更加珍惜彼此的合作成果,激发更多的合作动力和创新精神。营造良好的合作氛围和文化环境可以进一步增强学校和企业之间的情感联系和合作意愿。这种氛围和环境能够使双方在合作中感受到彼此的真诚和善意,从而更加坚定地推动校企合作的深入发展。同时,良好的合作氛围和文化环境还能够吸引更多的人才和资源加入校企合作中来,为双方的发展注入新的活力和动力。

三、完善校企合作的评价与反馈机制

(一)建立科学全面的评价体系

1. 明确评价目标

建立科学全面的评价体系,首先要明确评价目标。评价目标应该围绕校企合作的核心任务和目的来设定,包括提升教育教学质量、增强学生就业竞争力、推动产业技术创新等。同时,评价目标还应该具有可操作性和可衡量性,以便于后续的评价实施和结果分析。明确评价目标的过程中,需要充分考虑学校、企业和学生等各方的利益诉求和期望。学校希望通过校企合作提升教学质量和科研水平,企业需要高素质的技术技能人才和科研成果转化,学生则期望通过校企合作获得更好的就业机会和职业发展。因此,在设定评价目标时,需要综合平衡各方的需求和期望,确保评价目标的科学性和合理性。

2. 制定科学评价标准

制定科学评价标准是建立科学全面评价体系的重要组成部分。评价标准应该具有客观性、公正性和可操作性,能够真实反映校企合作的实际情况和效果。在制定评价标准时,需要遵循以下几个原则:一是全面性原则,即评价标准应该涵盖校企合作的全过程,包括合作计划、实施、成果等各个阶段;二是针对性原则,即评价标准应该针对不同类型的校企合作项目和不同专业的特点进行制定,体现差异化和个性化;三是可操作性原则,即评价标准应该具有明确的指标体系和量化标准,便于后续的评价实施和结果分析。同时,制定评价标准还需要充分考虑行业发展趋势和企业用人需求。通过市场调研、企业走访等方式,深入了解行业对人才的需求和期望,将这些需求和期望转化为具体的评价指标和标准,确保评价标准与市场需求紧密对接。

3. 采用多元化评价方法

建立科学全面的评价体系还需要采用多元化的评价方法。由于校企合作涉及多个主体和多个阶段,单一的评价方法往往难以全面反映合作的实际情况和效果。因此,需要综合运用定量评价与定性评价、过程评价与结果评价等多种方法,对校企合作进行全面、客观、公正的评价。定量评价可以通过设置具体的指标体系和量化标准,对校企合作的各个方面进行量化分析和比较。例如,可以设置合作项目数量、合作项目经费、学生实习实训时间、毕业生就业率等指标,对校企合作的规模和效果进行量化评价。定性评价则可以通过问卷调查、座谈会、专家评审等方式,收集学校、企业、学生等各方对合作的意见和建议,对合作的质量进行主观评价。过程评价可以关注校企合作的具体实施过程,包括合作计划的制订、合作项目的实施、合作成果的转化等各个阶段。对实施过程的评价可以及时发现合作中存在的问题和不足,为改进和优化合作提供有力支持。结果评价则可以关注校企合作的最终成果和效益,包括教学质量提升、科研成果转化、学生就业竞争力增强等方面。对结果的评价可以全面反映校企合作的实际效果和价值。

(二)实施动态监测与及时反馈

1. 建立动态监测机制

为确保校企合作的持续性和有效性,必须建立一套完善的动态监测机制。这一机制是校企合作项目的"守护者",时刻关注着合作的脉搏,确保每一步都稳健前行。从合作项目的启动阶段开始,监测机制就应当介入,对项目的立项背景、目标设定、资源配置等进行全面评估。这有助于确保项目从一开始就建立在坚实的基础之上,避免因为某些环节的疏忽而导致后续问题的产生。在实施阶段,动态监测机制更是发挥着不可替代的作用。它要求定期收集和分析合作数据,包括项目进度、资源使用情况、学生参与度、企业反馈等各个方面。这些数据如同合作的"体检报告",能够真实反映合作的健康状况,帮助各方及时发现问题并采取相应的改进措施。同时,监测机制还应关注合作过程中的关键节点和风险因素。对于可能影响合作顺利进行的关键因素,要进行重点监测和预警,确保一旦出现问题能够迅速做出反应。此外,对于合作中出现的异常情况或突发事件,监测机制也应具备快速响应的能力,及时协调各方资源,共同应对挑战。在成果评估与反馈阶段,动态监测机制的作用更是不可或缺。它要求对合作成果进行全面、客观的评价,包括项目目标的达成情况、学生的收获与成长、企业的收益与贡献等各个方面。科学的评估方法可以准确衡量合作的价值和效果,为未来的合作提供宝贵的经验和借鉴。

2. 加强信息沟通与共享

信息沟通与共享在校企合作中扮演着至关重要的角色,它是实施动态监测与及时反馈不可或缺的环节。学校、企业和学生等合作参与者拥有各自独特的立场、需求及期望,因此,打破信息壁垒,建立开放透明的沟通环境,对推动合作项目的顺利进行及深入发展至关重要。建立畅通的信息沟通渠道是首要任务。为了保障合作信息的有效流通,学校和企业之间应该构建稳定的交流平台。除了定期举行的座谈会、研讨会等面对面的交流方式,双方还可以充分利用现代信息技术手段,如建立专门的校企合作网站、在线协作平台以及微信群、电子邮件等即时通讯工具,确保信息能够在第一时间得到传递和共享。

在信息传递过程中,信息的准确性和时效性同样不容忽视。任何一方都应该对发布的信息负责,确保所传递信息的真实性、准确性及完整性。避免因信息误导或延误而造成的不必要麻烦和损失。此外,信息的更新和发布也应当做到及时,合作各方都有义务和责任将最新的合作进展、行业动态以及政策变化等信息进行分享,以便其他方能够迅速做出反应和调整。信息共享的意识也是推动合作深入发展的关键所在。学校和企业都应该充分认识到信息共享的重要性,它不仅是合作的基本要求,更是提升合作效果的有效途径。双方应积极分享在合作过程中积累的经验、技术成果以及市场信息等资源,共同促进双方在人才培养、科技创新、产品开发等方面的优势互补和协同发展。通过加强信息沟通与共享,校企合作将更加紧密和高效,共同创造更多的价值和成果。

3. 构建及时反馈系统

及时反馈在校企合作中扮演着至关重要的角色,它是确保合作项目持续改进和优化的关键所在。构建高效、灵敏的及时反馈系统,我们能够迅速捕捉合作中的种种动态和声音,进而为合作的持续深化提供有力的支持和指引。建立完善的反馈机制是构建及时反馈系统的基础。这一机制应当全面覆盖反馈信息的收集、整理、分析和再反馈等各个环节,确保信息的全流程闭环管理。在收集环节,我们要注重信息的全面性和针对性,设立多样化的反馈渠道,可以广泛而精准地捕获各方对合作项目的意见和建议。在整理环节,我们则要对这些宝贵的原始信息进行细致的分类和归纳,为后续的分析和处理打下坚实基础。在分析环节,更要运用科学的方法和工具,深入挖掘信息背后所蕴含的原因和问题,把握合作改进的关键点和方向。而在最后的再反馈环节,则要及时将分析结果反馈给相关方,形成信息的有效回流,激发新的改进动力和思路。

第三节　高职教育人才培养质量评价机制

一、多元化评价主体与方法,确保评价结果全面客观

(一)多元化的评价主体

在高职教育人才培养质量评价中,引入多元化的评价主体至关重要。除了学校和教师外,还应邀请企业、行业协会、学生及其家长等利益相关方参与评价。这些主体各自具有独特的视角和优势,能够从不同方面对人才培养质量进行全面、客观的评价。

企业作为用人主体,对人才的需求和标准有着更深刻的理解。企业参与评价有助于学校更准确地把握市场对人才的实际需求,从而调整教育教学策略,提高人才培养的针对性和实用性。同时,企业还可以给学生提供实习、实训等机会,帮助他们更好地适应市场需求,提高其就业竞争力。

行业协会掌握着行业发展的最新动态和趋势。行业协会参与评价有助于学校及时了解行业发展趋势和技术变革,从而调整专业设置和课程内容,确保人才培养与行业发展紧密对接。此外,行业协会还可以通过制定行业标准和职业资格认证等方式,为人才培养质量评价提供重要参考依据。学生及家长作为教育的直接受益者,他们的满意度和反馈也是评价教育质量的重要依据。学生和家长参与评价有助于学校了解教育教学过程中的问题和不足,从而及时进行改进和优化。同时,学生和家长的反馈还可以为学校提供宝贵的意见和建议,促进教育教学质量的持续提升。

（二）多样化的评价方法

1. 全面性与多维度的评价

多样化的评价方法首先体现在其全面性和多维度上。传统的单一评价方式,如笔试或期末考核,往往只能反映学生在某一时间点的知识掌握情况,无法全面展现其技能、态度、情感等多方面的素养。多样化的评价方法则通过结合定量与定性评价、过程与结果评价、自我与他人评价等多种方式,从多个角度、多个层面全面深入地评估学生的学习成果。例如,项目式学习、实践操作、团队合作等方式可以更加真实地反映学生的技能掌握和实际应用能力;观察、访谈、问卷调查等手段可以深入了解学生的学习态度、情感体验和成长变化。这种全面性和多维度的评价有助于教育者更加准确地把握学生的学习状况,为教学改进提供有力依据。

2. 个性化与差异性的尊重

每个学生都是独一无二的个体,他们在学习兴趣、能力基础、发展潜力等方面都存在差异。单一的评价方法往往忽视了学生的这种差异性,用统一的标准去衡量所有学生,显然是不公平也是不科学的。多样化的评价方法则尊重学生的个性化和差异性,允许他们根据自己的特点和优势选择适合自己的评价方式。例如,对于实践性较强的课程,可以采用作品展示、现场操作等方式进行评价;对于理论性较强的课程,则可以采用论文撰写、口头报告等方式进行评价。这种个性化的评价方式有助于激发学生的学习兴趣和积极性,促进其潜能的充分发挥。

3. 动态性与发展性的关注

学生的学习是一个动态变化的过程,他们在不同阶段会面临不同的问题和挑战。单一的评价方法往往只关注学生在某一时间点的静态表现,而忽视了其动态变化和发展潜力。多样化的评价方法则关注学生的动态性和发展性,持续的评价和反馈可以及时了解学生的学习进展和困难,为其提供有针对性的指导和帮助。例如,定期的学习反思、成长记录等方式可以帮助学生清晰地认识自己的学习状况和发展轨迹;及时的评价反馈、个别辅导等手段可以帮助学生解决学习中的问题和困难,促进其不断进步和成长。这种动态性和发展性的关注有助于培养学生的自主学习能力和终身学习习惯。

(三)多元化评价的实践意义与持续改进

1. 促进高职教育改革与发展

多元化评价的实践意义首先体现在推动高职教育改革与发展上。传统的人才培养质量评价往往侧重于单一的考试成绩或就业率等指标,这种评价方式过于片面,难以全面反映学生的综合素质和职业技能。而多元化评价引入企业、行业协会等外部评价主体,采用多样化的评价方法,能够更加全面、客观地评价学生的知识、技能、素养等多方面能力。这种评价方式有助于学校及时发现人才培养过程中出现的问题和不足,进而调整教育教学策略,优化课程设置,更新教学内容,推动高职教育的改革与创新。同时,多元化评价还有助于促进学校与社会的紧密联系,推动产教融合、校企合作的深入发展,使高职教育更加符合社会经济发展的需求。

2. 提升学生综合素质与就业竞争力

多元化评价的另一个重要实践意义在于提升学生综合素质与就业竞争力。在多元化评价机制下,学生的知识、技能、素养等多方面能力都得到了全面、客观的评价。这种评价方式有助于学生更加清晰地认识自己的优势和不足,明确职业发展方向,制订个性化的学习计划和发展规划。同时,多元化评价还注重过程评价与结果评价相结合,关注学生的成长过程和发展潜力。这种评价方式有助于激发学生的学习动力和创新精神,培养其团队协作、问题解决等综合能力,从而提升其就业竞争力和职业发展潜力。此外,引入企业等外部评价主体,学生还可以更加深入地了解市场需求和行业发展趋势,增强其对未来职场的适应性和应变能力。

3. 持续改进与优化多元化评价机制

多元化评价机制的构建与实施是一个动态的过程,需要与时俱进,不断进行优化和完善。首先,要定期对多元化评价机制进行审查和评估,确保其适应性和有效性。这包括对评价主体、评价方法、评价标准等方面进行全面的分析和反思,及时发现问题并进行改进。其次,要加强与利益相关方的沟通交流,充分听取他们的意见和建议。这有助于增强多元化评价机制的透明度和公信力,提高其可接受性和可操作性。最后,要关注新技术、新理念的发展动态,及时将最新的评价理念和技术手段引入到多元化评价机制中。例如,可以利用大数据、人工智能等技术手段对学生的学习过程进行实时监控和评估,提高评价的准确性和效率性。同时,还可以借鉴国际先进的人才培养质量评价理念和经验,不断完善和丰富多元化评价机制的内涵和功能。

二、及时反馈与持续改进,优化人才培养过程

(一)建立完善的信息反馈系统

为了确保人才培养质量评价的有效性,必须建立完善的信息

反馈系统。这一系统应涵盖学校内部各个层面以及外部相关利益方,特别是学校和教育管理部门。通过这一系统,评价结果能够及时、准确地反馈给相关各方,为改进和优化人才培养过程提供有力依据。

1. 内部信息反馈

学校内部应建立畅通的信息反馈渠道,包括定期的教学检查、学生评价、教师互评等活动。这些活动能够及时发现教学过程中的问题和不足,促进教师之间的交流和合作,共同提升教学质量。同时,学校还应建立学生信息反馈机制,通过问卷调查、座谈会等方式收集学生对教学、管理等方面的意见和建议,以便及时调整和改进。

2. 外部信息反馈

学校应积极与外部相关利益方进行沟通和交流,包括企业、行业协会、家长等。通过与企业的合作,学校可以了解市场对人才的需求变化和行业发展趋势,及时调整人才培养目标和课程设置。与行业协会的交流则有助于学校了解行业标准和职业资格要求,确保人才培养与行业需求紧密对接。与家长的沟通则能够增强学校与家长之间的信任和理解,共同促进学生的全面发展。

(二)注重持续改进,适应市场需求变化

持续改进是高职教育人才培养质量评价机制的核心功能之一。随着社会经济的发展和产业结构的升级,市场对人才的需求也在不断变化。因此,高职教育人才培养质量评价机制需要定期进行修订和完善,以适应市场需求的变化和学生个性化发展的需求。

1. 修订人才培养目标

学校应根据市场需求和行业发展趋势,及时修订人才培养目标。新的人才培养目标应更加注重学生的实践能力和职业素养的培养,强调学生的创新精神和团队协作能力的提升。同时,还应关注学生的个性化发展需求,为其提供更多的选择和发展空间。

2. 完善课程体系与教学内容

课程体系与教学内容是人才培养质量评价的重要组成部分。学校应根据修订后的人才培养目标对课程体系和教学内容进行相应的调整和完善。新的课程体系应更加注重课程的实践性和应用性,增加实验、实训等实践教学环节。教学内容则应紧跟行业发展趋势和技术前沿,及时更新和补充新知识、新技术和新方法。

3. 加强师资队伍建设

师资队伍建设是提升人才培养质量的关键。学校应加大对教师的培训力度,提高其教育教学能力和专业素养。同时,还应积极引进具有丰富实践经验和行业背景的高水平教师,为学生提供更加优质的教育资源。此外,学校还应建立激励机制,鼓励教师积极参与教学改革和科研工作,为人才培养质量的提升贡献智慧和力量。

(三)构建持续改进的文化氛围

为了确保持续改进策略的有效实施,除了建立完善的反馈系统和注重市场需求变化外,还需要构建一种鼓励创新、追求卓越的文化氛围。这种氛围应该倡导教师不断探索新的教学方法和手段,鼓励学生勇于尝试和挑战自我,形成全校师生共同关注人才培养质量、积极参与改进工作的良好局面。

　　学校可以通过举办各种创新创业大赛、设立创新创业基金等方式激发学生的创新精神和创业意识。同时,还可以邀请企业专家、行业领袖等进校开展讲座或工作坊活动,拓宽师生的视野和知识面。此外,学校还应加大对优秀教师和学生的表彰和奖励力度,树立榜样和标杆,激励更多人投身于人才培养质量的提升工作中去。高职教育人才培养质量评价机制应具备及时反馈和持续改进的功能。通过建立完善的信息反馈系统、注重市场需求变化以及构建持续改进的文化氛围三个方面的努力和实践,我们可以不断优化高职教育人才培养过程、提高教育质量,为学生的全面发展和社会的繁荣进步做出更大的贡献。

参 考 文 献

[1]王宏,于万松,陈淼.职业发展视域下高职学生核心素养培育
策略研究[J].现代职业教育,2024,(04):93-96.

[2]袁学丽,张雨梦.行企校协同发展下高职动漫设计专业学徒制
教学的创新实践[J].美术教育研究,2023,(24):165-167.

[3]徐炜,张云蕊,顾益.创新创业教育背景下高职院校退伍大学
生立体式发展模式研究[J].科技创业月刊,2023,36(S1):
174-176.

[4]薛白.高职现代信息化教育教学模式创新与发展[J].河北职
业教育,2023,7(04):89-93.

[5]刘莹.农业类高职院校创新创业教育与思想政治教育融合发
展研究[J].粮食加工,2023,48(06):76-78+96.

[6]关雪梅.新时期高职院校继续教育发展适应性研究[J].北京
农业职业学院学报,2023,37(06):72-78.

[7]孙禹慧."双减"背景下高职音乐教育专业人才培养的改革与
创新[J].大学,2023,(32):193-196.

[8]林海春,邱旭光.基于共享发展理念的高职创新创业教育系统
性融合发展研究[J].中国成人教育,2023,(20):30-36.

[9]余景波,曲巧鹏,张娜娜."三教"协同创新背景下高职教育发
展现状及问题探析[J].武汉船舶职业技术学院学报,2023,22
(05):6-11.

[10]周勇,仇志海.产教融合推动高职院校创新创业教育高质量发展的研究[J].常州信息职业技术学院学报,2023,22(05):1-5.

[11]张兴夏.创新驱动发展战略背景下高职院校创新创业教育探索[J].高等职业教育探索,2023,22(05):76-80.

[12]刘金宪.高职院校创新创业教育与专业教育融合发展现状及对策——以柳州城市职业学院学前教育专业为例[J].科学咨询(科技·管理),2023,(09):156-158.

[13]杨丽敏.高质量发展视野下高职院校职业生涯规划教育体系的构建[J].科教导刊,2023,(25):136-138.

[14]朱丽君.创新驱动发展战略背景下广西高职院校专创融合教育改革策略研究——基于知识生产模式3的视角[J].大学教育,2023,(17):122-130.

[15]马维."双高计划"背景下高等职业教育服务区域经济社会高质量发展路径研究[J].职业技术,2023,22(09):40-45.

[16]吴丹.大数据时代高职院校思想政治教育创新发展策略探讨[J].科教导刊,2023,(21):81-83.

[17]赵宝柱,周思瑶,刘锁才."三教"协同创新视域下职业教育类型发展策略[J].河北科技师范学院学报(社会科学版),2023,22(02):43-48.

[18]刘嘉慧.创新创业教育背景下高职院校创新教育机制研究[J].现代商贸工业,2023,44(11):134-136.

[19]洪伟,萧晟,张冬冬等.双高计划视域下高水平产教融合的职业教育创新发展路径探究[J].科技资讯,2023,21(09):123-126+135.

[20]郝建,牛彦飞,于扬.高质量发展背景下高职教师教学创新团

队建设[J].石家庄职业技术学院学报,2023,35(01):17-21.

[21]徐行.河南高职院校劳动教育与创新创业教育高质量融合发展研究[J].河南教育(高等教育),2023,(02):44-45.

[22]胡晓燕.新时代高职院校思想政治教育创新发展态势研究[J].黑龙江生态工程职业学院学报,2022,35(06):93-96.

[23]张兰,陈广仁.基于能力价值链的高质量双创人才训练体系构建研究[J].现代商贸工业,2022,43(21):96-98.

[24]徐芬.基于职业发展教育的高职院校就业工作实践创新研究[J].湖北开放职业学院学报,2022,35(17):3-5.

[25]卫舒春,李军,张海.高职院校创新创业教育与德育融合发展研究[J].创新创业理论研究与实践,2022,5(17):99-102.

[26]康志平.创新创业教育背景下高职学生社团建设创新研究——以汕头职业技术学院为例[J].云南开放大学学报,2022,24(03):84-88.

[27]钮雪林.高职教育校地资源"五双同构"融合循环共享的创新实践——以苏州市职业大学为例[J].苏州市职业大学学报,2022,33(02):1-4.

[28]冯蕾.双创视域下高职院校英语教师职业能力发展探究[J].中国多媒体与网络教学学报(中旬刊),2022,(05):197-200.

[29]柏兴伟,秦雯.高职院校建设社区教育基地的制度创新与实践——以广东科学技术职业学院为例[J].现代职业教育,2022,(14):108-110.

[30]周梦华.专创融合背景下学生创新力培养研究[J].产业创新研究,2022,(06):166-168.